Die 60 coolsten Entdeckungen für Kids

Spiel, Spaß & Abenteuer in und um München

J. BERG

Inhalt

8 Erlebnisparks

22 Schlittenfahren

36 Züge

23 Eislaufen

Sport & Action 58

Natur & Tiere 76

DEUTSCHES MUSEUM
VERKEHRSZENTRUM

52 Wer? Wann? Was? Wo?

Glückliche Kinder –
glückliche Eltern

Tourenüberblick

Tour																	
1	Burg Burghausen	●	●		●		●			●		●					
2	Pullman City		●										●				
3	Freilichtmuseum Glentleiten	●								●		●					●
4	Stadtgeschichte München						●			●	●	●					
5	Wikingerdorf Flake am Walchensee									●						●	
6	Fossiliensteinbruch Blumenberg									●		●					
7	Weißenburg in Bayern									●		●					
8	Legoland Günzburg												●				
9	Märchenwald Wolfratshausen	●											●				
10	Schliersbergalm	●	●		●												
11	Frei- und Hallenbäder		●			●											
12	Labyrinth Ex-Ornamentis		●	●			●			●			●			●	●
13	Kinderfreundliche Biergärten	●	●														
14	Spielplätze		●													●	
15	Bauerngolf Samerberg	●	●														
16	Indoorspielplatz Jux & Tollerei		●											●	●		●
17	Escape Games													●	●		
18	Wassersport					●											
19	Münchner Wald in Vaterstetten								●								●
20	Landschaftspark Hachinger Tal															●	●
21	Boulderwelt München								●					●	●		●
22	Schlittenfahren an der Oberen Firstalm	●			●		●							●			
23	Eislaufen im Prinzregentenstadion	●												●			
24	Funsport indoor													●	●		●
25	Funsport outdoor															●	

Tour																
26 Tierpark Hellabrunn		●	●								●					●
27 Wildfreizeitpark und Waldseilgarten Oberreith		●	●	●				●			●					
28 Reiter- und Erlebnisbauernhöfe			●								●					
29 Ellmi's Zauberwelt Ellmau	●	●		●		●										
30 Themen- und Lehrpfade						●					●				●	
31 Technik und Industrie						●					●				●	
32 Spaziergang um den See					●	●									●	
33 Programmieren und Computer											●		●	●		
34 BMW Welt										●	●			●	●	●
35 Flughafen München		●							●		●				●	
36 Bahnpark Augsburg									●		●					
37 Allianz Arena										●				●		●
38 Bavaria Filmstudios	●								●	●	●					●
39 Walchenseekraftwerk	●								●		●					
40 Salzbergwerk Berchtesgaden										●	●					
41 Bayerische Volkssternwarte München										●	●			●		●
42 Naturkäserei Kreuth	●									●	●					
43 Botanischer Garten München									●		●					
44 Hofreiter BeerenCafés	●	●									●					
45 Kunst für Kinder										●	●			●		●
46 Deutsches Museum										●	●			●		●
47 Garmisch-Partenkirchen						●							●			
48 Chiemsee				●	●		●		●		●					
49 Bodensee	●		●	●	●		●				●					
50 Altmühltal	●						●		●	●	●	●				
51 München für Kinder – kostenlos		●			●				●						●	

SAVANNA

In München finden sich an der Isar immer wieder tolle Badestellen für großes Wasservergnügen.

Linke Seite: Im WaldTierPark Blindham gibt es sogar ein Moor zu entdecken.

Vorwort

Welche Eltern wünschen sich nicht, dass sich ihre Kinder später an eine unbeschwerte und aufregende Kindheit erinnern? Kinder sollen für ihre Entwicklung vielfältige Anregungen erhalten, und das geht am besten bei gemeinsamen Familienaktivitäten. Leider bleiben berufstätigen Eltern oftmals nur die Wochenenden, um ihre Kinder Abenteuer erleben zu lassen. In einer alle Möglichkeiten bietenden Großstadt wie München besteht die Herausforderung weniger darin, Gelegenheiten aufzuspüren, als darin, aus dem unglaublich vielfältigen Angebot das Passende auszuwählen.

Gut beraten ist man dabei, wenn man seinen Kindern Aktivitäten zu jedem wichtigen Entwicklungsbereich wie Kunst, Kultur, Sport, Bewegung sowie Natur und Technik anbietet.

In diesem Buch verraten wir unsere persönlichen Tipps für Unternehmungen, Ausflüge und Aktivitäten zu jedem dieser Bereiche und hoffen damit Ihnen, liebe Münchner Eltern und Großeltern, interessante Anregungen und eine gute Orientierung zu geben.

Familien können die Burgruine Ehrenberg schnell erklimmen und erobern.

Vergangene Zeiten

1 Burgen und Schlösser

Burg Burghausen und mehr

Ausgangs-/Endpunkt
Burg Burghausen

Anfahrt
Auf der A 94 bis Ausfahrt 25 Burghausen, dann der B 20 bis zur Burg in Burghausen folgen

Alter
Geeignet besonders für Kinder zwischen 5 und 13 Jahren

Öffnungszeiten
April bis 3. Oktober täglich 9–18 Uhr, 4. Oktober bis März täglich 10–16 Uhr; geschlossen: 1. Januar, Faschingsdienstag, 24., 25. und 31. Dezember

Preise
Erwachsene 5 €, bis 18 Jahre frei

Information
Burg Nr. 48, 84489 Burghausen, Tel. 08677/4659, burg-burghausen.de

Es gibt sicher kaum ein Kind, das sich nicht vorstellen könnte, als tapferer Ritter oder edles Burgfräulein auf einer geheimnisvollen Burg oder in einem prächtigen Schloss zu leben. Noch dazu ranken sich meist alte Geschichten um diese Orte.

Laut dem »Guinness«-Buch ist sie die längste der Welt: die **Burg Burghausen** im gleichnamigen Städtchen an der Salzach. Mehr als einen Kilometer muss man gehen, um alle fünf Vorhöfe bis zur Hauptburg durchlaufen zu haben. Schon allein die Außenanlagen mit all ihren Türmen, Mauern, Gräben und Brücken sind spannend anzusehen. Wer noch mehr erleben will, findet in der Hauptburg das Besucherzentrum und zwei Museen, zudem werden Themenführungen für Kinder und Familien angeboten. Unterhalb der Burg schlängelt sich auf der einen Seite der Fluss Salzach, auf der anderen Seite liegt der Wöhrsee. In seinem weitläufigen Strandbad mit Bootsverleih und Kinderbecken kann man nach der Burgbesichtigung herrlich entspannen. Auch die mittelalterliche Altstadt Burghausens ist eine Besichtigung wert. Burghausen ist von München aus in etwa einer Autostunde zu erreichen.

Noch mehr … Burgen und Schlösser Wer direkt in München eine mittelalterliche Burganlage erleben möchte, kann die Burg Grünwald oder die Blutenburg besuchen. Die **Burg Grünwald**, ein ehemaliges Jagdschloss, beherbergt ein Museum zum Thema »Burgen in Bayern«. Vom Burgturm aus hat man einen schönen Blick über das Isartal. Es können auch Kindergeburtstagsfeiern und Führungen für Kindergruppen gebucht werden. Die

Unterhalb der Burg von Burghausen kann man im Wöhrsee baden.

Blutenburg beherbergt die internationale Jugendbibliothek. Im Schlosshof finden regelmäßig Veranstaltungen statt. Der Besuch der Blutenburg lässt sich sehr schön mit einem Spaziergang entlang der Würm verbinden. Eine einfache und fast autofreie Runde (ca. 4 km) führt von der Blutenburg zunächst in Richtung Süden entlang der Würm, dann nach Osten entlang des Kanals in der Marsopstraße bis zu deren Ende und schließlich zurück über den Parkstreifen, bis sich der Kreis an der Blutenburg wieder schließt. Das prächtige **Schloss Nymphenburg** und der weitläufige Schlosspark ziehen Touristen und Münchner gleichermaßen an. Im Nordflügel des Schlosses ist das Museum Mensch und Natur (Tour 46) untergebracht. Es steht vor einem großen Umbau zum BIOTOPIA – Naturkundemuseum Bayern. Einen Vorgeschmack auf die Zeit nach dem Umbau bietet das BIOTOPIA Lab mit Veranstaltungen und Mitmach-Werkstatt. Der Zugang erfolgt über den Botanischen Garten (Tour 43). Weitere Schlösser im Münchner Stadtgebiet und in unmittelbarer Umgebung sind etwa die **Residenz München**, das **Schloss Dachau** und die **Schlossanlage Schleißheim.**

2 Cowboys und Indianer

Pullman City

Ausgangs-/Endpunkt
Pullman City

Anfahrt
Auf der A 2 bis Hofkirchen bleiben, dann auf der A3 die Ausfahrt 113 Garham/Vilshofen nehmen und bis zur Westernstadt in Eging am See fahren

Preise
Kinder ab 4 Jahren 12,50 €, Erwachsene 24 €, Preise variieren je nach Tag

Information
Westernstadt Pullman City, Ruberting 30, 94535 Eging am See, Tel. 08544/97490, pullmancity.de

Gibt es einen kleinen oder großen Jungen, der sich nicht für Cowboys und Indianer interessiert? Wohl nur selten, denn damit sind Vorstellungen von Abenteuer und Freiheit, Freundschaft, Stärke und Mut verbunden.

In **Pullman City** fühlen wir uns um 150 Jahre zurückversetzt in das historische Amerika, zu Goldrausch und Südstaatenromantik. Von München bis in den Wilden Westen sind es nur eineinhalb Autostunden. Kinder können in der Westernstadt einen spannenden Tag verbringen an Tiergehegen, auf Abenteuerspielplätzen und beim Ponyreiten. Das Zentrum von Pullman City ist die Mainstreet mit Häusern, wie man sie aus Wild-West-Filmen kennt. Tagsüber ist die Mainstreet Kulisse für diverse Shows und Veranstaltungen. Höhepunkt des Tages ist die American History Show, bei der zahlreiche Darsteller in Originalkostümen und

Ordentlich Action ist angesagt, wenn die Kavallerie zu Felde zieht.

Lasso schwingende Cowboys beeindrucken die Kinder.

sogar echte Büffel amerikanische Geschichte nahebringen. Etwas weiter im Wald versteckt sind der Adventure Trail (ein Niedrigseilparcours) und ein kleiner Teich, an dem mit etwas Glück Gold und Edelsteine herausgewaschen werden können. Ein ganz eigenes Leben spielt sich im Authentic-Bereich ab. Hier leben in kleinen Häusern die Hobbyisten, die in ihrer Freizeit Leben, Bräuche und Handwerk historischer Figuren nachempfinden.

Es wird in der Westernstadt so viel geboten, dass es für ein ganzes Wochenende reicht. Wer übernachten will, kann dies im Palace Hotel in der lebhaften Mainstreet tun oder in Ferienhäusern, Blockhütten und Zelten.

Noch mehr … Cowboys und Indianer Wer von Cowboys und Indianern nicht genug bekommt, kann noch weitere Westernstädte besuchen, z. B. Pullman City im Harz oder die **Westernstadt Eldorado** in Templin. Ein Erlebnis sind auch die **Karl-May-Festspiele** in Radebeul bei Dresden oder in Bad Segeberg.

3 Bauern und Handwerk

Freilichtmuseum Glentleiten, Amerang und Wasmeier Museum

Ausgangs-/Endpunkt
Freilichtmuseum Glentleiten

Anfahrt
Auf der A 95 München–Garmisch-Partenkirchen bis zur Ausfahrt Murnau/Kochel, dann weiter nach Glentleiten der Beschilderung zum Freilichtmuseum folgen

Öffnungszeiten
Mitte März bis Anfang November 9–18 Uhr (nach der Zeitumstellung bis 17 Uhr), Mo und im Winter geschlossen

Preise
Kinder bis 15 Jahre frei, Erwachsene 9 €

Information
Freilichtmuseum Glentleiten, An der Glentleiten 4, 82439 Großweil, Tel. 08851/1850, glentleiten.de

Einmal am Holzherd Essen kochen oder Wäsche waschen wie vor 100 Jahren? In München und Umgebung gibt es vielfältige Möglichkeiten, in den bäuerlichen Alltag unserer Vorfahren einzutauchen.

Das größte Freilichtmuseum befindet sich in **Glentleiten**. Vom großen Parkplatz aus erreicht man das Eingangsgebäude und gelangt von dort direkt ins Freiluftgelände. Auf dem weitläufigen Areal mit wunderschönen Blumenwiesen, Fischteichen und Weiden sind die alten Holzhäuser verstreut, die aus ganz Oberbayern stammen und originalgetreu wiederaufgebaut wurden. Neben diversen Bauernhäusern und kleinen Anwesen gibt es auch Back- und Bienenhäuser, Werkstätten und Mühlen. Insgesamt sind etwa 60 Häuser zu bewundern. Regelmäßig werden Kinderprogramme und Handwerksvorführungen geboten, wie etwa Brotbacken, Filzen, Schnitzen und Töpfern. Auf dem Gelände leben Pferde, Hühner, Gänse, Kühe, Schafe und Schweine. Das Museum bietet sich auch für Kindergruppen und Kinder-

Süße Topfenstriezel werden auf der Glentleiten das ganze Jahr über frisch auf dem Holzofen gebacken.

geburtstage an. Einkehren kann man in der Museumsgaststätte oder auf dem Gelände im Biergarten Salettl mit historischer Kegelbahn.

Besonders toll sind die Handwerkertage, bei denen man viel über seltene Berufe wie den Wetzsteinmacher lernen kann.

Noch mehr ... Bauernleben Das Museum Glentleiten hat noch eine Zweigstelle, das **Bauernhofmuseum Amerang** mit historischen Gebäuden aus dem Chiemgau. Auch dort finden während des ganzen Jahres immer wieder spezielle Kinderveranstaltungen statt.

Das **Wasmeier Museum** am Schliersee bietet sich für einen Sonntagsausflug mit der ganzen Familie an. Die Bayerische Regiobahn hält direkt am Museumseingang. Im Museumsgelände sind original aufgebaute Bauernhäuser zu sehen. Herz des

Das Museumsgelände ist sehr großflächig angelegt und es gibt viel zu entdecken.

Rechte Seite: In den liebevoll angelegten Bauerngärten wachsen so manche seltenen historischen Gemüsesorten und Heilkräuter.

Museumsdorfs ist die Gastwirtschaft mit einem großen Biergarten und historischer Kegelbahn, auf der sich die Kinder die Zeit vertreiben können. Auf dem Hof können sie auf Stelzen gehen oder mit Skibrettln laufen, Gänse, Schweine, Kühe und Schafe beobachten oder den Handwerksvorführungen zusehen. Für Kindergruppen und Kindergeburtstage gibt es spezielle Workshops. Etwa einmal im Monat gastiert Kasperls Spuikastl im Wasmeier Museum. Die Stücke sind für Kinder ab vier Jahren geeignet. Nach dem Museumsbesuch bietet sich ein Spaziergang zum Schliersee an, an dessen Ufer man herrlich Steinchen werfen und baden kann. Mit dem Motorschiff oder einem geliehenen Ruderboot lässt sich eine Seefahrt unternehmen.
Der **Jexhof** ist ein historischer Bauernhof aus dem 18. Jahrhundert. Er bietet insbesondere für Kindergruppen und Kindergeburtstage ein vielfältiges museumspädagogisches Programm. Sonntags um 14 Uhr werden für Kinder ab sechs Jahren diverse Bastelaktionen angeboten. Im **Bauernhausmuseum Erding** kann das große Bauernhaus mit Bauerngarten, Stall, Backofen und Kapelle erkundet werden. Freitagnachmittags wird hier ein Bauernmarkt abgehalten.

4 Stadtgeschichte München

Heimatforscher mit iPhone-Rallye und VR-Zeitreise

Ausgangs-/Endpunkt
Deutsches Jagd- und Fischereimuseum München, Neuhauser Str. 2, 80331 München

Anfahrt
Mit der U- oder S-Bahn bis Haltestelle Marienplatz oder Stachus, dann in wenigen Minuten zu Fuß auf der Kaufingerstraße bis zum Jagd- und Fischereimuseum

Preise
Ab 49 € (1 Erziehungsberechtigter + 1 Kind)

Information
Munich Secrets, Neuhauser Str. 2, 80331 München, Tel. 089/125012267, munich-secrets.de

Ist Ihnen bei einem Gang durch die Münchner Altstadt schon einmal die Kanonenkugel in einem der Fenstersimse von St. Peter aufgefallen? Oder der grüne Lindwurm an der Südwestecke des Neuen Rathauses? Nein? Dann wird es Zeit für einen Erkundungsgang!

Einen zweistündigen Stadtspaziergang zu unternehmen, klingt für Kinder sicher zunächst wenig spannend. Wenn sie aber ein iPad benutzen dürfen, das sie von einem Rätselort zum nächsten führt, und wenn sie am Ende des Spieles die »Welt gerettet« haben, dann sind sie voller Begeisterung dabei. Die iPad-Rallye »Das magische Portal« kann bei **Munich Secrets** (munich-secrets.de) gebucht werden und ist für Kinder zwischen 8 und 16 Jahren geeignet. Start und Ende der Tour ist das Jagd- und Fischereimuseum, dem Sie bei dieser Gelegenheit auch gleich einen Besuch abstatten können.

Noch mehr … Entdeckertouren Schnitzeljagden durch die Münchner Altstadt gibt es auch bei **Stadtspiel Schnitzeljagd** (stadtspiel-schnitzeljagd.de), Smartphone-Stadtrallyes auch bei **Your City Quest** (yourcity-quest.de).
Geführte Touren speziell für Kinder können bei den Anbietern **Stadtdetektive** (stadt-detektive.com), **stattreisen** (stattreisen-muenchen.de) und der **Weis(s)e Stadtvogel München** (stadtvogel.de) gebucht werden. Bei den Führungen gibt es mehr zu erfahren über Begebenheiten, Bräuche und Persönlichkeiten der Münchner Stadtgeschichte.

Rechte Seite: Ein Besuch im Münchner Stadtmuseum lohnt sich immer.

Wer weiß, wo der große Waller in der Fußgängerzone steht?

Keinen Schritt zu Fuß gehen muss man dagegen bei einer Virtual-Reality-Zeitreise. Zu einer solchen Zeitreise durch Bayern – von den ersten Siedlern bis hin zum Märchenkönig Ludwig II. – kann man bei **TimeRide** (timeride.de/muenchen/) aufbrechen. Was »typisch München« ist, erfährt man bei einem Besuch im **Stadtmuseum** am St.-Jakobs-Platz. Hier finden auch regelmäßig Kinderveranstaltungen und Ferienprogramme statt. Vormerken sollten Sie sich den **Stadtgeburtstag**, der immer Mitte Juni anlässlich der ersten urkundlichen Erwähnung am 14. Juni 1158 gefeiert wird. An diesem Tag findet für Kinder ein historisches Spektakel im Alten Hof statt.

Kreativtipp

Ein Kindergeburtstag steht bevor und Sie wollen eine Stadtrallye zur Münchner Stadtgeschichte selbst gestalten? Anregungen können Sie zum Beispiel den Büchern »Entdecke München! Eine Stadtrallye für Kinder« von Bettina Schümann (Prestel Verlag, 2008) oder »München – Die Kinder-Uni erzählt die Geschichte der Stadt« von Volker Ufertinger (Deutsche Verlagsanstalt, 2. Aufl. 2008) entnehmen. Um aus Ihren Ideen dann eine iPad-Rallye zu erstellen, nutzen Sie die kostenlose App »Actionbound«. Die App ist so konzipiert, dass Sie die Tour bequem vom Schreibtisch aus programmieren können.

5 Wikinger

Wikingerdorf Flake am Walchensee

Ausgangs-/Endpunkt
Walchensee

Anfahrt
Auf der A 95 München–Garmisch-Partenkirchen bis zur Ausfahrt Murnau/Kochel, weiter nach Kochel, dort rechts auf die B 11 und über die Kesselbergstraße zum Walchensee

Öffnungszeiten
Täglich von Mitte April bis Anfang Oktober

Preise
Eintritt frei, Kinderführung: Kinder 1 €, Erwachsene 2 €

Information
Flake, Seestraße, 82432 Walchensee, zwei-seen-land.de/flake

Es gibt wohl kaum ein Kindergartenkind, das nicht die Bücher oder Filme von Wicki, dem schlauen Wikingerjungen kennt und liebt. Selbst einmal in der Filmkulisse zu stehen und zwischen den Wikingerhäusern hindurchzuschlendern, das ist am Walchensee möglich.

Das **Wikingerdorf Flake** befindet sich direkt am Ufer des Walchensees zwischen dem Café Bucherer und der Wasserwacht. Das Auto kann an der gegenüberliegenden Straßenseite auf einem gebührenpflichtigen Parkplatz abgestellt werden.
Zu sehen sind fünf Holzhäuser, die aber nicht betreten werden können. Mehrere Informationsschilder erzählen aus dem Leben der Wikinger. Der Eintritt ist frei und von April bis Oktober möglich. Jährlich am letzten Wochenende der bayerischen Sommerferien findet in Flake ein Wikingermarkt statt. In den Sommermonaten gibt es Führungen durch die Tourist-Info Walchen-

Nicht immer ist es so ruhig im Wikingerdorf Flake.

see (Anmeldung erforderlich, Termine unter zwei-seen-land.de/ veranstaltungen). Da die Besichtigung von Flake außerhalb einer Führung nicht mehr als 15 Minuten in Anspruch nimmt, empfiehlt es sich, den Besuch dort mit noch einem weiteren Ausflugsziel zu verbinden.
In unmittelbarer Nähe befindet sich die Talstation der **Herzogstandbahn**. Lohnenswert ist auch ein Abstecher zum **Walchenseekraftwerk** (Tour 39). Auf der Rückfahrt vom Walchensee nach München kommt man in Kochel am See direkt am **Franz-Marc-Museum** vorbei, das ein museumspädagogisches Programm für Kinder anbietet (Tour 45).
In Kochel am See lockt auch das Erlebnisbad **Kristall Therme**. Zudem führt die Rückfahrt durch **Benediktbeuern**, wo von Mai bis September das Alpenwarmbad mit Kinderplantschbecken geöffnet hat und natürlich die bekannte Klosteranlage besichtigt werden kann. In der Nähe des Klosters gibt es mehrere Erlebnisbiotope wie z. B. einen Barfußpfad, einen Klangpfad und einen Moorpfad (Tour 30).

Noch mehr … Wikinger Wer noch mehr von der Filmkulisse von Flake sehen möchte, sollte einen Ausflug in die **Bavaria Filmstadt** nach Grünwald (Tour 38) machen. Dort können weitere Häuser sowie ein Wikingerschiff besichtigt werden.

Links: Der Totempfahl begrüßt uns im Inneren des Dorfes.

Rechts: Wer noch so richtig in der Natur sausen möchte, fährt danach nach Benediktbeuern zum Moorlehrpfad.

6 Urzeit

Fossiliensteinbruch Blumenberg, Urzeitmuseum Taufkirchen, Mammutmuseum Siegsdorf

Ausgangs-/Endpunkt
Blumenberg bei Eichstätt

Anfahrt
Auf der A 9 Richtung Ingolstadt bis zur Ausfahrt 60-Lenting, dann der Beschilderung Richtung Eichstätt folgen; in Eichstätt zum Ortsteil Blumenau am nördlichen Altmühlufer

Öffnungszeiten
Anfang April bis Ende November, 10–16 Uhr, bei schlechtem Wetter und montags geschlossen

Preise
Kinder 4,50 €, Erwachsene 8 €, Familienkarte 16 €, Leihgebühr für Werkzeug 2 € + 20€ Pfand

Information
Fossiliensteinbruch Blumenberg, Kinderdorfstraße 1, Eichstätt, Tel. 0176/ 53 00 58 82, naturpark-altmuehltal.de

Mammuts, Dinosaurier und Urzeitmenschen – die Entwicklung unserer Erde ist faszinierend. Eine besondere Verbindung zu dieser Vergangenheit spürt, wer sich selbst auf Fossiliensuche begibt und das Glück hat, versteinerte Fundstücke in die Hand nehmen zu können.

Das Hämmern und Klopfen hört man schon, bevor man den Steinbruch auf dem **Blumenberg** bei Eichstätt sieht. Am Eingang ist ein kleiner Spielpatz und ein Kiosk, wo man gegen eine Leihgebühr Hammer und Flachmeißel ausleihen kann. Von hier erfolgt der Abstieg über Geröllhalden bis zum Boden des Steinbruchs.

Am besten man leiht wirklich für jedes Familienmitglied Hammer und Meißel aus, denn die Schatzsuche packt Groß und Klein.

Viele Familien kommen mit Klappstühlen, Picknickkorb und eigenem Werkzeug. Aber egal, welches Fleckchen man für sich zum Klopfen aussucht, die Chance auf einen Fund ist für jeden gleich. Die weichen Kalksteinplatten am Boden können mit dem Meißel leicht abgehoben und gespalten werden. Mit etwas Glück findet man die schneckenförmigen Ammoniten oder Haarsterne, die vor 150 Millionen Jahren in einem hier befindlichen tropischen Meer lebten. Enttäuscht von der Suche wird niemand werden, denn zumindest sogenannte Dendriten sind in großer Zahl und leicht zu finden. Sie sehen aus wie versteinerte Moose, rühren aber von Regenwasser her, das sich bäumchenartig in den Gesteinsspalten verästelt hat. Die Fundstücke dürfen mit nach Hause genommen werden.

Lesetipp

Ammon/Taschner, Die schönsten Tagesausflüge im Altmühltal, J. Berg Verlag 2013

Wer nach dieser Erfahrung sein Wissen über die Urzeit noch weiter vertiefen möchte, kann dies im benachbarten **Museum Bergér** tun oder fährt ein kurzes Stück nach Eichstätt zur **Willibaldsburg**, wo im **Jura-Museum** beeindruckende Fossilien – insbesondere der Urvogel Archäopteryx – zu bestaunen sind. Sehr anschaulich sind auch die Schauaquarien, in denen sich lebende Fossilien wie Nautilus und Pfeilschwanz befinden, Lebewesen also, die sich seit der Urzeit nicht verändert haben. Wer mag, kann sich nach dem Besuch im Jura-Museum im Burgrestaurant ausruhen und für Neues stärken.

Noch mehr … Urzeit Im Mittelpunkt der Ausstellung des **Paläontologischen Museums in München** steht das riesige Skelett eines Urelefanten. Daneben gibt es weitere Skelette von Dinosauriern und einem Säbelzahntiger zu bestaunen. In einem kleinen Hörsaal im Erdgeschoss werden Filme über Dinosaurier gezeigt. Das Museum ist an den Wochenenden geschlossen. Für Kinder ab vier Jahren wird der Besuch im **Urzeitmuseum**

Im Altmühltal liegen noch mehr Sammelsteinbrüche und Klopfplätze wie hier bei Titting.

Taufkirchen empfohlen. Hier können beispielsweise das einzige Allosaurus-Skelett in Bayern sowie ein Steinmeteorit aus dem Weltall bestaunt werden. Wer schon mal in Taufkirchen ist, kann gleich noch einen Abstecher zum sog. Zwergelwald machen. In einem Waldstück, ca. 15 Fußminuten von den ausgewiesenen Parkplätzen am Sportplatz, zu erreichen über die Straße am Ziegelfeld, tummeln sich hunderte Gartenzwerge rund um eine kleine Kapelle. Gerade kleinere Kinder werden hier viel zu entdecken haben.

Das **Mammutmuseum Siegsdorf** ist schon von außen an dem lebensgroßen Mammut zu erkennen. Im Museum gibt es u. a. eine Bärenhöhle zu entdecken, außerdem die Skelette eines Höhlenlöwen und eines riesigen Mammuts im oberen Stock. Direkt am Museum befindet sich der Steinzeitgarten, wo Kinder u. a. nach Glitzersteinen suchen können. Das Museum ist am Kurpark gelegen, sodass man an den Museumsbesuch noch einen Spaziergang anschließen kann.

Wer an der frischen Luft sein und in die Welt der Dinosaurier eintauchen möchte, kann dies im **Triassic Park** auf der Steinplatte Waidring (Tour 29) tun oder im **Dinosaurier-Freiluftmuseum**

Am Mammutmuseum steht bereits Rudi, das große Maskottchen von Siegsdorf.

Altmühltal. 80 lebensgroße Dinosaurier und Mammuts warten dort auf die Besucher.

Die Wohnhöhle eines Steinzeitmenschen, das **Schulerloch**, kann in Essing besucht werden. Die Fahrzeit von München beträgt etwa eine Stunde. Das Schulerloch muss erwandert werden. Vom Parkplatz aus führt ein Fußweg durch den Wald (50 Höhenmeter, 20 Minuten), der Aufstieg wird mit einer schönen Aussicht belohnt. Erholen kann man sich im Terrassencafé in unmittelbarer Nähe zum Höhleneingang. Eine Besichtigung der Tropfsteinhöhle ist nur mit Führung möglich, diese dauert 30 Minuten und findet alle halbe Stunde statt. Für die Kinder besonders beeindruckend ist das am Ende der Führung gezeigte Höhlenkino, eine Projektion, die die Urzeit mit Mammuts, Säbelzahntigern und Höhlenmenschen wiederaufleben lässt. Die Höhle ist von März bis November geöffnet.

Wer den kindgerechten **Erlebnisweg Ratzinger Höhe** (nähere Infos unter erlebnisweg-chiemsee.de) erwandert, wird dort auf das Rimstinger Mammut treffen: Ein lebensgroßes Mammut aus Holz soll veranschaulichen, dass in der Eiszeit im Chiemgau Mammuts lebten.

7 Römer

Weißenburg in Bayern, Keltenmuseum Manching

Ausgangs-/Endpunkt
Weißenburg in Bayern

Anfahrt
Auf der A 8 München–Stuttgart bis zur Ausfahrt Kreuz Augsburg-West und weiter auf der B 2 Richtung Donauwörth/Gersthofen, dann Richtung Nürnberg bis Weißenburg fahren

Öffnungszeiten
Römische Therme 15. März bis 15. November 10–17 Uhr

Preise
Römische Therme Kinder 2,50 €, Erwachsene 4 €

Information
Bayerisches Limes-Informationszentrum, Martin-Luther-Platz 3–5, 91781 Weißenburg, Tel. 09141/907-189, weissenburg.de, naturpark-altmühltal.de

Wer sich für die Geschichte der Römer in Bayern interessiert, kommt um einen Ausflug ins Altmühltal nicht herum. Hier finden sich zahlreiche sichtbare Spuren aus der Zeit, als sich das Römische Reich bis zur Donau ausdehnte.

Weißenburg in Bayern war eine Garnisonsstadt der Römer. Geschützt unter einem Dach liegen die Ruinen einer **römischen Badeanstalt**. Auf Holzstegen können die Besucher durch die Anlage gehen und von oben auf die Steine blicken. Die Räume der Therme, die Gymnastikhalle und Reste der Heizanlage sind zu erkennen. Unweit der Therme befindet sich das **Kastell Biriciana**. Die beeindruckende Burgmauer und das Burgtor sind schon von Weitem zu sehen. Das **Limes-Informationszentrum** in Weißenburg widmet sich vor allem dem Verlauf des Limes.

Neben Weißenburg ist auch **Eichstätt** ein guter Ausgangspunkt zur Erkundung der Römerzeit. Von hier aus ist es nicht weit bis nach Pfünz, wo das **Kastell Castra Vetoniana** besichtigt werden kann. 15 Minuten benötigt man vom Parkplatz bis zum Kastell, von dem ein Burgtor sowie teilweise die Burgmauer wiederaufgebaut worden sind. Zu sehen sind die Wachstube mit zwei römischen Soldaten, Erläuterungen zur Anlage gibt es auf dem **Römerlehrpfad** rund um das Kastell (Gehzeit 30 Minuten). Die Funde aus dem Kastell werden im **Museum für Ur- und Frühgeschichte** auf der Willibaldsburg in Eichstätt ausgestellt. Ein weiteres Bauwerk in der Nähe von Eichstätt ist die **Villa Rustica Möckenlohe**. Auf dem Gutshof werden Wollschweine und bestimmte Ziegen-, Rinder-, Schafs- und Pferdearten gehalten, die ihren Vorfah-

ren aus der Römerzeit entsprechen sollen. In **Erkertshofen** steht ein wiederaufgebauter **Wachturm** mit Aufenthaltsraum, Dienstraum und Lagerraum. Rund um den Wachturm führt ein drei Kilometer langer **Limespfad** (Gehzeit etwa eine Stunde), der allerdings nicht mit Kinderwagen befahrbar ist. Unterwegs sind weitere Fundamente eines Turms und eines Kastells zu sehen. Das **Römer- und Bajuwarenmuseum** befindet sich auf der Burg Kipfenberg. Gezeigt wird hier etwa die Rekonstruktion eines germanischen Grabes mit den Grabbeigaben.

Die Rekonstruktion des Römerkastells von Pfünz ist sehr anschaulich.

Linke Seite: Die historische Therme von Weißenburg

Noch mehr … Römer Wer sich in München zum Thema Römer informieren möchte, wird in der **Archäologischen Staatssammlung** fündig. Hier wird die römische Geschichte in Bayern dargestellt, u. a. werden Schätze und Steindenkmäler gezeigt. In Leutstetten am Starnberger See sind die Reste einer römischen **Villa Rustica** zu besichtigen. Führungen finden im Sommerhalbjahr immer am 1. Sonntag im Monat statt. Ausgrabungsfunde aus der keltischen Stadt Manching werden im **Römer- und Keltenmuseum Manching** präsentiert. Das Highlight des Museums – ein keltischer Goldschatz – wurde Ende 2022 aus dem Museum gestohlen. Unweit des Museumseingangs beginnt der **Archäologische Lehrpfad Manching** mit 20 Lehrtafeln zur keltischen und römischen Geschichte.

Viel Spaß und Bewegung gibt es an der frischen Luft und in den Bergen wie im Triassic Park in Waidring/Tirol.

Spiel & Spaß

8 Erlebnisparks

Legoland Günzburg, Playmobilpark Nürnberg, Ravensburger Spieleland

Ausgangs-/Endpunkt
Legoland Günzburg

Anfahrt
Auf der A 8 München–Stuttgart bis Ausfahrt Günzburg und der Beschilderung zum Legoland folgen

Alter
Empfohlen für Kinder zwischen 3 und 12 Jahren

Öffnungszeiten
10–18 Uhr, Mitte November bis Ende März geschlossen

Preise
Kinder 58 €, Erwachsene 64 €

Information
Legoland Deutschland Freizeitpark GmbH, Legoland Allee, 89312 Günzburg, Tel. 08221/2573550, legoland.de

Sie wollen die Augen Ihrer Kinder zum Leuchten bringen? Dann verbringen Sie mit ihnen einen Tag in einem Freizeitpark. Ob wilde Achterbahnen und Wasserrutschen für Wagemutige oder fantasievolle Spielplätze für Entdecker – hier findet jeder etwas.

Wer für seine Kinder ein Ausflugsziel für besondere Gelegenheiten (Geburtstagskinder haben übrigens freien Eintritt) sucht, trifft mit dem nur eine Autostunde von München entfernten **Legoland** eine gute Wahl. Den größten Spaß werden dort Kinder zwischen drei und etwa zwölf Jahren haben. Die Fahrgeschäfte setzen in der Regel ein Mindestalter voraus. Eine gute Möglichkeit, sich einen ersten Überblick zu verschaffen, ist eine Fahrt mit dem Legoland-Express oder auf den 50 Meter hohen Aussichtsturm, der sich oben einmal um seine Achse dreht. Gleich gegenüber dem Eingangsbereich befindet sich das Miniland, eine Nachbildung verschiedener Bauten und Stadtbilder aus Tausenden von Legosteinen. Das Legoland ist in Themenbereiche eingeteilt. Im Reich der Pharaonen kann man sich auf eine virtuelle Schatzsuche im Tempel begeben. Wilde Achterbahnen warten im Ritterland. Echte Legoland-Profis erkennt man daran, dass sie ein Regencape dabeihaben, wenn sie das Piratenland betreten. Nass wird man nämlich bei der Piratenschlacht garantiert. Wer vom Nasswerden noch nicht genug hat, geht gleich weiter in das Land der Abenteurer und wagt eine Fahrt mit der Wasserrutsche. Bei so viel Abenteuer kann man schon mal hungrig werden, und so finden sich in jedem Themenbereich zahlreiche Restaurants und Cafés. Und was wäre ein Legoland-Besuch ohne einen Abstecher in einen der vielen Lego-Themenshops auf dem Gelände?

Zwölf Stunden reine Erlebniszeit würde es dauern, alle Attraktionen auszuprobieren. Ein Besuchstag reicht also nicht aus. Da hilft nur wiederkommen – oder übernachten. Möglich ist das auf dem Gelände in einem der Motto-Hotels oder auf dem Camping-

platz. Im Feriendorf befindet sich auch der Lego-Hochseilgarten, der von Kindern ab vier Jahren benutzt werden kann.

Das Ravensburger Spieleland eignet sich hervorragend vor allem für kleinere Kinder.

Noch mehr … Freizeitparks Der **Playmobilpark** bei Nürnberg, der sich vor allem an Kinder zwischen vier und neun Jahren wendet, hat ein anderes Parkkonzept als die klassischen Freizeitparks. Anstelle von Fahrgeschäften gibt es im Playmobilpark die unterschiedlichsten Spielplätze – also Spaß ohne Anstehen und Wartezeiten. Ein Balancier-Parcours für verschiedene Altersstufen, der Wasserspielplatz Arche Noah, die Ritterburg und das Baumhaus seien nur beispielhaft erwähnt. Damit bei all dem Abenteuer kein Kind verloren geht, empfiehlt es sich, den Kindern die kostenlos zur Verfügung gestellten Armbänder umzubinden und darauf die eigene Handynummer zu notieren. Im **Ravensburger Spieleland** gibt es Attraktionen für Kinder ab zwei Jahren. Fix & Foxi, Käpt'n Blaubär und Maus & Elefant begegnen den Kindern in den einzelnen Themenparks.

9 Märchenwälder

Märchenwald Wolfratshausen und mehr

Ausgangs-/Endpunkt
Märchenwald Wolfratshausen

Anfahrt
Auto: Auf der A 95 Richtung Garmisch-Partenkirchen bis zur Ausfahrt Wolfratshausen, dann weiter nach Wolfratshausen.
Bahn: Mit der S7 Richtung Wolfratshausen bis zur Endstation, dann zu Fuß zum Märchenwald

Öffnungszeiten
Täglich 9–18 Uhr, Einlass bis 16 Uhr, im Winter geschlossen

Preise
Kinder ab 85 cm Körpergröße 15 €, Erwachsene 17 €, kleinere Kinder frei

Einkehr
Duc Minh in der Kräuterstraße direkt am Eingang zum Märchenwald

Information
Freizeitpark Märchenwald im Isartal GmbH, Kräuterstraße 39, 82515 Wolfratshausen, Tel. 08171/385 58 38, maerchenwald-isartal.de

Als Tipp für eine Unternehmung an einem besonders heißen Sommertag denkt man eher an ein Schwimmbad oder einen See. Überraschend angenehm bei heißen Temperaturen – aber nicht nur dann – ist ein Aufenthalt im Märchenwald Wolfratshausen.

Den **Märchenwald** in Wolfratshausen gibt es schon so lange, dass ihn viele Münchner Eltern noch aus ihrer eigenen Kinderzeit kennen dürften. Man erreicht ihn am besten mit dem Auto. An manchen Wochenenden kann es sein, dass der ausgeschilderte Parkplatz in der Kräuterstraße belegt ist. Dann kann auf den Parkplatz in der Äußeren Sauerlacher Straße 6–10 ausgewichen werden. Gleich im Eingangsbereich des Märchenwalds wartet ein großer Spielplatz auf die Kinder, eine kleine Eisenbahn und die Hasen- und Igelbahn. Im Eingangsbereich findet sich auch ein Restaurant, in dem man schnelle Gerichte und Eis bestellen kann. So gestärkt kann man sich auf den Rundweg durch den Märchenwald begeben. Schaukästen zu den Märchen Schneewittchen und Aschenputtel säumen den Weg bis zum Kraxelgarten. Weiter geht es zur Wildsaureitbahn, zum Huberhof, in dem Bauernhoftiere lautstark das Lied »Old MacDonald had a farm« singen, gackern und muhen, oder zur Oldtimer-Autobahn und Pferdereitbahn. Auf dem Weg zur Oachkatzelbahn, die Kinder ab vier Jahren benutzen dürfen, kommt man schließlich noch am sprechenden Baum und am Zauberdorf vorbei. Ins-

gesamt muss man für diese Runde einschließlich Pausen sicher drei Stunden einplanen. Für Geburtstagsfeiern stehen exklusiv die Baumhäuser in sechs Metern Höhe zur Verfügung.

Noch mehr … Märchenwälder In der Nähe des Chiemsees gibt es gleich zwei Märchenwälder. Zum einen den **Märchenerlebnispark Marquartstein** und zum anderen den **Freizeitpark Ruhpolding**. Highlight in Marquartstein ist die Sommerrodelbahn. Man muss seinen Schlitten selbst nach oben ziehen und kann dann in fünf Steilkurven wieder nach unten brausen. Die Kinder erfreuen sich auch an der Trethochbahn, am Streichelzoo und am Wasserspielgarten. Den Freizeitpark Ruhpolding gibt es schon seit 50 Jahren. Highlights dort sind eine Achterbahn, der Niedrigseilgarten und das Rutschenparadies. Und natürlich dürfen die Märchendarstellungen nicht fehlen.

Die trickreichen Fahrräder im Märchenpark Ruhpolding sind eine Herausforderung für die ganze Familie.

Linke Seite: Auf König Arthurs Spuren im Märchenpark Marquartstein

10 Sommerrodeln

Sommerrodelbahn an der Schliersbergalm und mehr

Ausgangs-/Endpunkt
Talstation der Schliersbergbahn

Anfahrt
Auto: Auf der A 8 Richtung Salzburg bis zur Ausfahrt Weyarn, dann weiter Richtung Schliersee; in Schliersee an der zweiten Ampel links zur Talstation.
Bahn: Mit der Bayerischen Oberlandbahn bis zum Bahnhof Schliersee fahren und von dort in etwa zehn Minuten zu Fuß zur Talstation.

Öffnungszeiten
Ganzjährig geöffnet, die Gondelbahn fährt von 8.30–22 Uhr, im Winter bis 18 Uhr

Preise
Seilbahn: Erwachsene 10 €, Kinder 3–7 Jahre 4 €, Jugendliche 8–14 Jahre 8€

Einkehr
Restaurant Schliersbergalm

Information
Schliersbergalm, 83727 Schliersee, Tel. 08026/67 23, schliersbergalm.de

Sommerrodeln ist viel mehr als nur ein Ersatz für fehlenden Schnee. Es gibt Bobbahnen, bei denen das Gefährt durch die Fliehkraft in den Schienen gehalten wird, sowie schienengeführte und damit wetterfeste Rodelbahnen. Bei manchen muss man zunächst mit der Seilbahn zum Ausgangspunkt hinauffahren oder hinaufwandern, bei anderen wird man bereits im Schlitten sitzend nach oben gezogen.

Die **Schliersbergalm** erhebt sich oberhalb des Schliersees und ist das perfekte Ziel für Familienmitglieder allen Alters. Die Anfahrt mit dem Auto bis zur Talstation der Gondelbahn ist möglich, aber wir empfehlen, vom Münchner Hauptbahnhof aus mit der Bayerischen Oberlandbahn bis Schliersee zu fahren. Von dort sind es nur etwa zehn Minuten Fußweg zur Talstation. Wer mag, kann zur Alm aufsteigen, das sind etwa 200 Höhenmeter und 30 bis 45 Minuten gemütliches Gehen. Der Weg ist kinderwagengeeignet. Die weniger Wanderfreudigen können mit der Gondelbahn (nicht bei schlechtem Wetter) hinauffahren. Oben gibt es nicht nur eine fantastische Aussicht, sondern auch einen großen Biergarten und für die Kinder einen Spielplatz, einen Minigolfplatz, eine Trampolinanlage und einen Swimmingpool. Das Beste aber sind die beiden Sommerrodelbahnen: Mit dem Alpenroller fährt man oben am Berg eine kleinere Runde, zunächst mit Schwung etwas nach unten und dann mit Motorkraft wieder hinauf. Der Sommerrodel bringt einen dagegen zurück ins Tal und verlangt etwas mehr Mut als der Alpenroller. Wer den Besuch auf der Schliersbergalm noch mit einem zweiten Highlight verbinden möchte, kann das Wasmeier Museum (Tour 3) besuchen. Es befindet sich nur eine Station mit der Bayerischen Oberlandbahn entfernt.

Noch mehr … Sommerrodler Der **Kolbensattel** bei Oberammergau punktet mit einem schönen Bergpanorama, der bewirt-

schafteten Kolbensattelhütte und einem großen Bergspielplatz. An schönen Tagen kann es hier schon mal recht voll werden. Hinauf geht es mit dem Sessellift, hinab mit dem **Alpine Coaster**, einem schienengeführten Sommerrodler mit Magnetbremse. Auf ihm können Geschwindigkeiten bis zu 40 km/h erzielt werden. Der Betreiber erlaubt Kindern ab drei Jahren das Mitfahren, ab acht Jahren dürfen sie alleine fahren. Schon wegen der Bergfahrt mit dem Sessellift würden wir diesen Ausflug nicht für die Allerkleinsten empfehlen. Auf dem Kolbensattel gibt es zudem einen Kletterwald mit neun Parcours und einen Bike-Park mit sechs Trails.

Nach dem Aufstieg kehrt man zur Belohnung in der Schliersbergalm ein, bevor es mit der Rodelbahn rasant zurück ins Tal geht.

Eine nicht ganz so wilde Sommerrodelbahn findet man in Riedenburg/Altmühltal, etwa 60 Autominuten von München entfernt. Der **AltmühlBOB** hat eine Schienenlänge von 1000 Metern, die Geschwindigkeit kann selbst bestimmt werden. Direkt an der Sommerrodelbahn gibt es einen großen Spielplatz mit Hüpfburgen, Klettergerüsten, Schaukeln, überdachtem Sandkasten und einer kleinen Wasserspielstation. Es gibt Picknickbänke, an denen selbst mitgebrachtes Essen verzehrt werden kann, und auch einen Kiosk, der Snacks und Getränke verkauft. Gleich in der Nähe ist der Badesee Agatha.

Die Klassiker unter den Sommerrodelbahnen im Münchner Umland sind die **Blombergbahn** am Blomberg und der **Jaudenhang-Flitzer** am Brauneck. Sehr beliebt sind auch die Sommerrodelbahnen in **Garmisch-Partenkirchen** und am **Oedberg** am Tegernsee. Ein Ausflug zur Letzteren kann gleich mit einem Besuch im benachbarten Kletterwald kombiniert werden.

Linke Seite: Die Blombergbahn ist ein Klassiker.

Schon beim Anblick der Kreisel auf der Sommerrodelbahn in Garmisch-Partenkirchen wird einem schwindelig.

11 Frei- und Hallenbäder

Starnberger Wasserpark, Therme Erding und mehr

Ausgangs-/Endpunkt
Therme Erding

Anfahrt
Auto: Über die A 94 und Flughafentangente/St 2580 bis Erding; die Therme Erding ist ausgeschildert, es gibt einen großen, kostenlosen Parkplatz. Bahn/Bus: Mit der S2 nach Altenerding, von dort 800 m Fußweg oder Weiterfahrt mit den Bussen 550, 560 und 570.

Öffnungszeiten
Täglich 10–23 Uhr, am Wochenende und in den Ferien bereits ab 9 Uhr geöffnet

Preise
2 Std. 22 € pro Person, 4 Std. 30 €, ganzer Tag 46 €, Kinder bis 3 Jahre frei, Wochenend- und Feiertagszuschlag 5 € pro Person; es gibt ein kombiniertes MVV-Thermenwelt-Ticket zum Preis von 38,70 €, das die Hin- und Rückfahrt mit dem MVV sowie den vierstündigen Aufenthalt in der exotischen Therme, GALAXY ERDING und Wellenbad beinhaltet.

Einkehr
Diverse Cafés, Bars und Restaurants im Bad

Information
Therme Erding, Thermenallee 1–5, 85435 Erding, Tel. 08122/550-0, therme-erding.de

Was gibt es Schöneres als einen erlebnisreichen Tag im Schwimmbad? Schon allein die große Badetasche mit Handtüchern, Badesachen, Sonnenschutz, Getränken und natürlich Unmengen an Wasserspielzeug zu packen, macht Vorfreude auf den Badetag

Der **Wasserpark Starnberg** hat zum einen ein schönes Strandbad mit großer Liegewiese, Spielplatz und zwei Kinderbecken, direktem Seezugang und einem Kiosk. Zum anderen gibt es das Hallenbad mit einem 25-Meter-Becken sowie einem Kinderbecken und Rutschen.

Die **Therme Erding** ist wohl der Inbegriff eines Erlebnisbads. Für Kinder unter 16 Jahren sind die Therme, das Wellenbecken und das Rutschenparadies zugängig. Die Therme lockt mit 34 Grad warmem Wasser, Strömungskanal und Sprudelliegen. Wellen in verschiedenen Stärken gibt es im Wellenbecken. Den größten Spaß aber dürften die Kinder bei den Wasserrutschen haben. Die Benutzung ist altersabhängig, fünf Rutschen sind für Kinder unter sechs Jahren geeignet. Essen und Getränke kann man in der Therme Erding in den verschiedenen Cafés, Bars und Restaurants kaufen. Bargeld braucht man dafür zunächst nicht. Bezahlt wird mittels eines Chips, abgerechnet wird dann später an der Ausgangskasse.

Noch mehr … Schwimmbäder in München Wellenspaß gibt es im sanierten **Cosimawellenbad**. Das Schwimmerbecken mit sanftem Einstieg verwandelt

sich alle halbe Stunde in eine Meeresbrandung. Für kleine Kinder gibt es ein Kinderbecken. Im **Westbad** gibt es neben einem Sportbecken ein Erlebnisbecken mit Strömungskanal und Whirlpools. Im Außenbereich kann man ganzjährig in einem warmen Solebecken entspannen.

Das **Prinzregentenbad** erreicht man bequem per U-Bahn oder mit dem Bus. Kinder lieben den Strömungskanal und die große Wasserrutsche. Für die ganz Kleinen gibt es ein flaches Wasserbecken mit Rutschelefant und Wasserpilzen sowie einen Spielplatz.

Ganz ohne Chlor kommt das **Naturbad Maria Einsiedel** aus, durch das ein Isarkanal fließt. Es gibt ein Kinderbecken und einen Spielplatz. Alle Erlebnisbäder im Überblick findet man unter muenchen.de/freizeit/mbaeder/therme-erlebnisbad.

Natürlich darf an allen ausgewiesenen Stellen im Starnberger See, wie hier bei Seeseiten, gebadet werden.

Linke Seite: Die Therme Erding mit dem Rutschenparadies Galaxy ist der ultimative Badespaß.

12 Irrgarten und Labyrinth

Ex-Ornamentis

Ausgangs-/Endpunkt
Freizeitgelände Fahrmannsbachstraße, Utting

Anfahrt
Auto: Auf der A 96 München–Lindau bis zur Ausfahrt Greifenberg und weiter Richtung Dießen; kurz vor dem Ortsschild Utting links abbiegen zum Freizeitgelände Utting, gleich nach der Unterführung liegt links das Ziel.
Bahn: Mit der S8 bis Herrsching und weiter mit dem Dampfer nach Utting, von dort Fußweg 10 Min.; oder mit dem Zug bis Bahnhof Utting, von dort 15 Min. Fußweg

Öffnungszeiten
Mitte Juli bis Mitte September, in den Sommerferien täglich 10–20 Uhr (außerhalb der Sommerferien öffnet das Labyrinth wochentags erst um 14 Uhr und schließt im September bereits um 18.30 Uhr)

Eintrittspreise
Kinder 5–11 Jahre 5,50 €, Jugendliche 12–17 Jahre 6€, Erwachsene 6,50 €

Information
Ex-Ornamentis, Freizeitgelände Fahrmannsbachstraße, 86919 Utting, Tel. 08192/934683, exornamentis.de

Irrgärten haftet heute nichts Geheimnisvolles mehr an – Verirren und Verwirren ist hier gewollt. Mit ihren Sackgassen, Kreuzungen und Abzweigungen, zwischen denen hindurch es ein Ziel und dann natürlich den Rückweg zu finden gilt, sind sie eine harmlose Gaudi für Kinder.

In der Nähe des Seeufers, im Freizeitgelände Utting, liegt das Labyrinth **Ex-Ornamentis**. Seit 1999 können hier große und kleine Besucher durch das Feld laufen, das beispielsweise aus Hanf und Sonnenblumen besteht. Ein kleiner Aussichtsturm ragt aus

In jedem Labyrinth werden andere Aufgaben bewältigt.

dem Feld hervor. Die Motive wechseln jedes Jahr, vom Sonnensystem über Asterix & Obelix, Schloss Neuschwanstein bis hin zum Piratenschiff. Im Labyrinth kann man an einem Rollensuchspiel und einem Stempelsammelspiel teilnehmen. Zum Toben gibt es ein Strohstadion direkt am Eingang.

Zum Labyrinth Ex-Ornamentis können wir auch mit dem historischen Schaufelraddampfer über den Ammersee fahren.

Noch mehr … Labyrinthe und Irrgärten Wer testen will, ob er mit der »Rechte-Hand-Regel« tatsächlich wieder herausfindet, kann das im Waldlabyrinth auf dem **Walderlebnispfad Freising**, der direkt am schönen Biergarten Plantage beginnt. In den **Beeren-Cafés** in Johanneskirchen und Lochhausen gibt es von Mitte Juli bis Mitte September ein Maislabyrinth mit Quizfragen zu Tieren. Ein weiteres Maislabyrinth befindet sich eine knappe Autostunde entfernt in **Radersdorf**.

13 Biergärten

Biergärten mit Spielplätzen in München und Umgebung

Information
Eine kurze Beschreibung dieser und weiterer Münchner Biergärten finden Sie unter muenchen.de/service/branchenbuch/G/890_2.html

Es soll Kinder geben, die beim Essen im Restaurant einfach still am Tisch sitzen bleiben. Für alle Eltern, die das wie wir nur für ein Gerücht halten, sind im Sommer Biergärten mit Spielplätzen eine unkomplizierte Lösung.

Im Englischen Garten gibt es gleich mehrere solcher Biergärten. Am **Aumeister**, ganz im Norden gelegen, befindet sich ein kleinerer eingezäunter Spielpatz am Restaurant. Der Selbstbedienungsbereich des Biergartens reicht unmittelbar bis zum Spielplatz. Man kann also entspannt essen und verliert seine Kinder beim Schaukeln, Wippen und Klettern nicht aus den Augen. Der Biergarten am **Chinesischen Turm** hat nicht nur einen kleinen Spielplatz mit getrennten Klettermöglichkeiten für kleinere und größere Kinder, sondern kann sogar mit einem historischen Karussell punkten. Einen großen Abenteuerspielplatz bietet der Biergarten **Hirschau**, der mitten im Englischen Garten in der Nähe des Isarrings gelegen ist. Alle drei Biergärten sind mit dem

Der Hirschgarten ist bei Familien ebenfalls sehr beliebt.

Der Biergarten am Chinesischen Turm im Englischen Garten ist einer der berühmtesten Biergärten Münchens

Auto anfahrbar, bieten sich aber wegen ihrer schönen Lage vor allem als Ziel für einen Radlausflug an.

Wer einen Biergarten mit Spielplatz inmitten der Stadt sucht, kann den **Augustiner Keller** oder das **Hofbräuhaus** am Wiener Platz ansteuern. Beide haben einen Spielplatz in ihren Biergärten, der vom Sitzbereich aus unmittelbar einsehbar ist. Biergarten und Spielplatz lassen sich auch gut im **Hirschgarten** oder an der **Emmeramsmühle** kombinieren. Hier befinden sich die Spielplätze zwar in der Nähe, jedoch nicht in Sichtweite. Auch im Münchner Umland ist das Angebot groß: Das **Forsthaus Kasten** im Forst Kasten/Gauting trumpft mit einem Freizeitpark auf. Minigolf, Streichelzoo, Hüpfburgen und Spielplatz werden hier geboten. Der **Biergarten Plantage** im Freisinger Forst ist auch Münchnern ein Begriff. Der Ausflug dorthin lohnt sich nicht nur wegen des schönen Biergartens, sondern auch wegen des großen Abenteuerspielplatzes und des Walderlebnispfads, der direkt am Biergarten beginnt. Im Münchner Süden ist die **Kugler Alm** ein beliebtes Ausflugsziel.

14 Spielplätze

Hirschgarten, Westpark, Englischer Garten und Georg-Freundorfer-Platz

Information
Alle Spielplätze finden Sie unter stadt.muenchen.de/service/info/oeffentliche-spielplaetze-mit-sportangebot/1051706/n0/ oder spielplatztreff.de.

Spielplätze kann es nie genug geben!

Kinder brauchen Bewegung an der frischen Luft, das ist klar. Am schönsten und unterhaltsamsten ist es für sie, wenn sie auf einem der zahlreichen fantasievollen Spielplätze toben können, die es in München gibt.

Der **Hirschgarten** zwischen Laim und Nymphenburg ist nicht zu Unrecht ein beliebtes Ausflugsziel für Münchner Familien. Hier kann man nicht nur Rehe und Hirsche im Wildgehege sehen, sich auf den Wiesen sonnen und Ball spielen, sondern auch die Spielplätze erkunden. Im Sommer lockt ein kleiner Wasser-

spielplatz. Aus den Klettergerüsten schießen in regelmäßigen Abständen Wasserfontänen, vor allem die Wasserrutsche hat es den Kindern angetan. Badekleidung ist hier zu empfehlen. Dann gibt es noch einen weiteren Spielplatz mit Elefantenrutsche, Kletterturm und Hängebrücke. Der **Westpark** ist mit insgesamt sechs Spielplätzen ausgestattet. Im Ostteil des Parks befindet sich ein Wasserspielplatz mit künstlichen Bachläufen und einem großen Rutschenturm. Im Westen des Parks liegt der Rutschenspielplatz mit drei langen, geschwungenen Rutschen. Rundherum gibt es weitere kleinere Spielflächen mit Schaukeln und Spielhäusern. Im **Englischen Garten** befindet sich direkt neben dem Biergarten am Chinesischen Turm ein kleiner Spielplatz zum Klettern sowie das historische Karussell. Oft genannt als einer der schönsten Spielplätze wird der Spielplatz am **Georg-Freundorfer-Platz** im Münchner Westend. Sein Markenzeichen sind die vielen Baumstämme, die in den Himmel ragen und zwischen denen sich die ebenfalls aus Holz gefertigten Klettermöglichkeiten befinden.

Links und Rechts: Am ehemaligen Buga-Gelände bei Riem findet sich ein weiterer toller Spielplatz.

15 Minigolf, Bauerngolf und Swingolf

Bauerngolf Samerberg und mehr

Ausgangs-/Endpunkt
Bauerngolf Samerberg

Anfahrt
Auf der A 8 München–Salzburg bis Ausfahrt Achenmühle, dann links weiter Richtung Samerberg

Alter
Geeignet für Kinder ab 4 Jahren

Einkehr
Eine Einkehrmöglichkeit besteht in den zwei benachbarten Gasthöfen Maurer und Alpenrose.

Öffnungszeiten
Während der Saison (April–Oktober) 11–20 Uhr, Di Ruhetag

Preise
Kinder bis 14 Jahre 3,50 €, Erwachsene 5 €

Information
Bauerngolf Samerberg, Kirchplatz 5, 83122 Samerberg/Grainbach, Tel. 08032/83 20, bauerngolf-samerberg.de

Minigolf ist ein Vergnügen gleichermaßen für Kinder und Erwachsene. Es erfordert eine gute Auge-Hand-Koordination, um die kleinen Bälle durch die raffinierten Hindernisse ins Loch zu spielen. Das gelingt Kindern ab etwa dem Vorschulalter.

Eine spaßige Alternative zum klassischen Golfspiel ist Bauerngolf, bei dem mit einem am Stock befestigten Holzschuh ein Fußball ins Loch befördert werden muss. Kinder ab etwa vier Jahren werden dabei ihren Spaß haben. Beim **Bauerngolf Samerberg** dauert eine Runde bis zu zwei Stunden. Nicht weit weg vom Bauerngolfplatz befindet sich die Hochriesbahn. Von der Talstation bis zur Mittelstation führt ein Einer-Sessellift, von dort aus bis zur Bergstation fährt die Gondelbahn. Die Mittelstation lässt sich auch in 30 Minuten erwandern. Dort befindet sich der im Sommerhalbjahr geöffnete Bikepark Samerberg, dessen Hauptstrecke auch von Kindern befahren werden kann. Leihräder stehen zur Verfügung.

Noch mehr … Ballspaß Auf Minigolf-Fans wartet sowohl im **Olympiapark** als auch bei **Minigolf München-West** eine 18-Loch-Anlage. Die Betonbahnen sind jeweils in einer schö-

Genau Zielen will gelernt sein!

nen Gartenanlage eingebettet. In beiden Anlagen wird zudem Hindernis-Billard angeboten, auch Skiddl oder Pit-Pat genannt. Detailverliebt gestaltete Bahnen, die auch betreten werden dürfen, locken zum »Spielgolf« nach **Aschheim**, direkt neben dem Wasserskipark Aschheim. Bei schlechtem Wetter oder im Winter können Indoor-Minigolf im **Dream-Bowl-Palace** in Unterföhring sowie in der **MAXX-Arena** gespielt werden. Neongolf und Pit-Pat gibt es auch in den **Exus Sporterlebniswelten** in Gröbenzell und Neufahrn.

Dem klassischen Golfspiel am nächsten, jedoch ohne strenge Etikette, kommt wahrscheinlich Swingolf. Das können Sie auf dem **Angerhof** in Alling ausprobieren. Es gilt, auf 18 Bahnen den Ball mit so wenig Schlägen wie möglich ins Loch zu spielen. Schläger und Bälle werden vor Ort ausgeliehen. Hier können nach Voranmeldung auch Kindergeburtstagsfeiern stattfinden.

Golfen ohne Etikette und Handicap kann man beim Bauerngolf Samerberg.

16 Indoorspielplätze

Jux & Tollerei, Coco Loco, WichtelWerk, Erdino und mehr

Ausgangs-/Endpunkt
Jux & Tollerei, Parsdorf

Anfahrt
Auf der A 94 bis Ausfahrt Parsdorf und weiter Richtung Parsdorf bis zum Gewerbegebiet fahren

Öffnungszeiten
Do bis Fr 14–19 Uhr, Sa, So 10–19 Uhr, in den Ferien täglich 10-19 Uhr

Preise
Kinder aunter 3 Jahren 8 €, Kinder ab 3 Jahren 14 €, Erwachsene 10 €

Information
Jux und Tollerei, Posthalterring 7, 85599 Parsdorf, Tel. 089/99275 89 29, juxundtollerei.com

Was machen, wenn es in Strömen regnet oder kalt ist, aber die Kinder dringend Bewegung brauchen? Ein Indoorspielplatz zum Austoben ist da die erste Wahl. München bietet glücklicherweise gleich mehrere davon.

Das **Jux & Tollerei** in Vaterstetten, in der Nähe des Möbelhauses Segmüller, wird sicher allen bekannt sein, die im Münchner Osten wohnen. Kostenfreie Parkplätze sind reichlich vorhanden, können an Regensonntagen allerdings schon mal knapp werden. Der Indoorspielplatz befindet sich in einer 2500 Quadratmeter großen ehemaligen Lagerhalle. Wer hinein will, muss zunächst in der Garderobe Jacken, aber vor allem Schuhe ablegen; Stoppersocken sind empfehlenswert. Dann gibt es für die Kinder meist kein Halten mehr. Das Highlight des Indoorspielplatzes ist der Kletterturm, eine riesige Softplayanlage, auf der die Kinder geschützt durch Netze über mehrere Etagen klettern und toben können, was das Zeug hält. Für Kleinkinder gibt es einen extra Bereich mit Bällebad und Miniklettergerüst. Wer vom vielen

Bällebäder machen einfach glücklich.

Mit viel Spaß powern sich die Kids an den Klettertürmen der Indoorspielplätze aus.

Toben hungrig und durstig geworden ist, kann sich im Gastronomiebereich mit Pommes, Pizza & Co. stärken. Beliebt ist das Jux & Tollerei auch für Kindergeburtstage. Hier kann ein Geburtstagstisch reserviert und Essen vorbestellt werden.

Noch mehr … Indoorspielplätze Eine der ersten dieser Anlagen in München war das **Coco Loco** in Grünwald. Neuere Indoorspielplätze sind das **Spielstadl** im BergTierPark Blindham (Tour 27) sowie das **WichtelWerk** in München-Freiham. Wer im Münchner Norden wohnt, kennt sicher das 4000 Quadratmeter große **Erdino** in Erding, das **Letz Fetz** in Neufahrn oder **Jimmys Funpark** in Dasing, wo man sogar Wasserscooter fahren kann. Speziell für Kinder bis drei Jahre und nur im Winter geöffnet ist der **Winterspielplatz** im Glockenbachviertel; der Eintritt ist hier frei.

17 Escape Games und Fantasy

hunt4hint, Escape Room München, Escape Game München, Heldenverlies

Ausgangs-/Endpunkt
hunt4hint Rotkreuzplatz und Landsbergerstraße

Anfahrt
Zum Standort Rotkreuzplatz ab München Hauptbahnhof mit S6 Richtung Starnberg bis Hirschgarten, weiter mit Bus 62 Richtung Rotkreuzplatz bis Winthirplatz; von dort noch 210 m zu Fuß. Zum Standort Landsberger Straße mit der S-Bahn Richtung Laim/Pasing bis Donnersbergerbrücke, von dort noch 510 m zu Fuß.

Preise
Für 2 Personen ab 40 €, je mehr Personen, desto billiger

Information
hunt4hint Rotkreuzplatz, Wendl-Dietrich-Straße 11, 80624 München, Tel. 089/13013089; hunt4hint Landsbergstraße, Landsberger Str. 75, 80339 München, Tel. 089/90164330; hunt4hint.de

Größere Kinder und Teenager könnten oft stundenlang in Online-Games versinken. Eine schöne Offline-Alternative und zugleich eine tolle Familienaktivität sind Escape-Games und Fantasy-Indoorspielplätze.

Escape Games sind aus der Online-Welt übergeschwappte Abenteuerspiele, ein Trend, der sich erst seit etwa zehn Jahren in Deutschland ausbreitet. Bei einem Escape Game muss ein Team bestimmte Rätsel innerhalb einer festgelegten Zeit lösen und sich so aus dem Raum befreien, ein fiktives Verbrechen aufklären oder eine (Spiel-)Bombe entschärfen. Bei kindgerechten Escape Games sind die Türen nicht verschlossen, hier geht es eher um das Auffinden eines Schatzes am Ende der erfolgreich absolvierten Mission.
Drei verschiedene Missionen (Message in a Bottle, Alien Invasion, Reich der Sinne) für Kinder ab acht bzw. zwölf Jahren gibt es bei **Hunt4hint** zu erkunden. Leider dürfen wir nichts wei-

Im gemeinsamen Gespräch kommt man der Lösung des Rätsels auf die Spur.

Irgendwo im Raum ist der nächste Hinweis zu finden.

ter verraten – sonst hättet Ihr beim Ausprobieren keinen Spaß mehr. Nur so viel: Bei der Mission »Message in a Bottle« gilt es in einem als Schiffskajüte gestalteten Raum Hinweise auf eine große Schatzkiste im Inneren des Schiffes zu finden. Kinder ab zehn Jahren können spannende Missionen im **Escape Room München** in Neuhausen, an einem der fünf Münchner Standorte von **Escape Game München** oder in den Escape Rooms in Neufahrn München Nord lösen.

Als Fantasy Indoor Erlebniswelt versteht sich das **Heldenverlies** in Kirchheim. Kinder zwischen sechs und 14 Jahren schlüpfen in verschiedene Rollen (Elf, Magier ...) und können mit ihren jeweiligen Fähigkeiten und Ausrüstungen bestimmte Rätsel in den speziell konzipierten Räumlichkeiten lösen. Das Heldenverlies ist insbesondere für Kindergeburtstage sehr beliebt.

Noch mehr ... Fantasy Wer vom Heldenverlies nicht genug bekommen kann, fühlt sich sicher auch in der **Phoenixburg** wohl, die vom gleichen Anbieter in Nürnberg betrieben wird.

Mit dem SUP-Board darf man auf vielen oberbayerischen Seen fahren.

Sport & Action

18 Wassersport

Stand-up-Paddling, Wasserski

Ausgangs-/Endpunkt
Wasserpark Starnberg

Anfahrt
Auto: Auf der A 95 München–Garmisch-Partenkirchen bis zum Autobahndreieck Starnberg und weiter auf der A 952 bis Starnberg.
Bahn: Mit der S6 Richtung Tutzing bis Haltestelle Starnberg

Öffnungszeiten
Bei gutem Wetter Mai/Juni/September (außerhalb der Sommerferien): Sa, So + Feiertage 9.30–19 Uhr Mo bis Fr 12–19 Uhr, bei gutem Wetter ab 10 Uhr Juli/August/September (innerhalb der Sommerferien): Sa, So + Feiertage 9.30–19.30 Uhr, Mo bis Fr 10–19.30 Uhr, bei mäßigem Wetter ab 12 Uhr, Verleih, nur mit Ausweis möglich

Preise
16 € für das Board in der 1. Stunde, 10 € für jede weitere + Eintritt ins Seebad

Information
Wasserpark Starnberg, Strandbadstraße, 82319 Starnberg am Starnberger See, Tel. 08151/12666, 0157/50280596, sup-club.bayern

Sommer am Badesee? Da kann man noch viel mehr machen als nur schwimmen und faulenzen. Zum Beispiel übers Wasser fahren – je nach Vorliebe äußerst rasant oder ganz gemächlich.

Das Stehpaddeln ist ein relativ neuer Freizeitsport, für den man ein Stand-up-Paddle-Board nebst Paddle benötigt. Für Anfänger ist die erste Herausforderung, überhaupt das Gleichgewicht auf dem Board halten zu können, und die zweite, mit dem Paddel das Board in die gewünschte Richtung zu lenken, zu wenden und zu bremsen. Aber keine Sorge, all das kommt mit der Übung. Mit ihrem niedrigeren Körperschwerpunkt fällt Kindern der Einstieg in das Stand-up-Paddling deutlich leichter. Dennoch sollten Kinder beim SUPen Schwimmwesten tragen. Wer es einmal kann, erfreut sich einer schönen – und trotz aller Gemächlichkeit – sportlichen Unternehmung in der Natur. Ein-

Im Wasserskipark können auch Anfänger ihren Gleichgewichtssinn auf die Probe stellen.

steigerkurse können an vielen Gewässern gebucht werden, z. B. bei **Sayaq Adventures** am Olympiasee, beim **SUP Club Starnberg** am Starnberger See sowie bei der **SUP- und Surfschule Müller** am Ammersee. Einen Eltern-Kind-Kurs am Langwieder See kann man beim **SUP-Active Center** buchen. Geführte Touren und Ausrüstung zum Leihen gibt es z. B. bei **Bavarian Waters.**

Mit etwas Übung gleitet man mit dem SUP-Board entspannt über das Wasser.

Noch mehr … Wassersport Deutlich rasanter als auf dem SUP geht es beim Wasserskifahren und Wakeboarden zu. Anfängerkurse auch für Kinder und Jugendliche können im **Wasserskipark Aschheim** gebucht werden. Neben einem großen Lift gibt es auch einen Anfängerlift.
Surfen und München – doch, das passt zusammen. Die stehende Welle am Eisbach sowie die Floßlände sind ein Surfer- und Zuschauermagnet. Erlernen kann man das Surfen z. B. auf der Indoor-Surfwelle in der **Jochen-Schweizer Arena**; dies ist für Kinder ab acht Jahren möglich.
Achtung: Für alle Aktivitäten auf dem Wasser, einschließlich des beliebten **Schlauchbootfahrens** auf der Isar, ist die Münchner Bade- und Bootverordnung (nachzulesen unter https://stadt.muenchen.de/rathaus/stadtrecht/vorschrift/360) zu beachten.

19 Hochseilgärten und Kletterwälder

Münchner Wald in Vaterstetten und mehr

Ausgangs-/Endpunkt
Münchner Wald, Vaterstetten

Anfahrt
A 99 bis Haar, weiter auf der B 304 Richtung Wasserburg; links auf die Wasserburger Landstraße/B 304 abbiegen; nach 1,5 km links nach Vaterstetten auf die Möschenfelder Straße; der Straße folgen bis zum Ortsende Vaterstetten, am Kreisverkehr die dritte Ausfahrt nehmen und bis zum Parkplatz am Kletterwald fahren

Alter
Geeignet für Kinder ab 3 Jahren

Öffnungszeiten
Im Sommer 13–19 Uhr, in den Sommerferien und an Sommerwochenenden auch schon vormittags ab 9 Uhr geöffnet, teilweise auch bis 20 Uhr, im Winter und bei Unwettern geschlossen, bitte auf der Website informieren

Preise
Kinder ab 3 Jahren 13,90 €, Kinder 6–10 Jahre 21,90 €, Jugendliche 11–17 Jahre 23,90 €, Erwachsene 24,90 €, jeweils für 3 Std. Zuschlag Wochenende & bayrische Ferien und Feiertage: 3,50 € pro Person

Information
Münchner Wald – Kletterwald Vaterstetten, Ottendichler Straße 1, 85591 Vaterstetten, Tel. 08071/103 51 50 (Büro), 08106/999 11 90 (Wald), muenchner-wald.de

In einem Kletterwald können die Kinder Mut, Balance, Kraft und Geschicklichkeit trainieren. Während die Zeit nur so verfliegt, schweißt das gemeinsame Bewältigen von Herausforderungen die Familie zusammen.

Bevor es losgehen kann im **Münchner Wald** in Vaterstetten, sind ein paar Formalien zu beachten: Im Eingangsbereich ist ein Teilnahmezettel auszufüllen und an der Kasse abzugeben. Anschließend erhält man Helm und Gurt ausgehändigt und eine Einweisung durch einen Trainer. Im Münchner Wald können bereits Kinder ab drei Jahren mitklettern. Für sie gibt es vier Parcours in Bodennähe. Das Sicherungssystem, der Ropeglider, ist das gleiche wie bei den Großen. Für Kinder ab sechs Jahren gibt es vier Parcours in etwas luftigerer Höhe, die zusammen mit einem Erwachsenen oder ab acht Jahren allein ausprobiert werden dürfen. Weitere Parcours dürfen ab acht Jahren bzw. ab zehn Jahren beklettert werden. Der schwierigste Parcours erfordert ein Mindestalter von 14 Jahren. Insgesamt sind es 13 Parcours. Trainer, die an ihren roten Shirts zu erkennen sind, halten sich in der Nähe auf und greifen bei Problemen ein. Der Eintrittspreis berechtigt zu einer Aufenthaltsdauer von drei Stunden. Wer Hunger bekommt, kann am Einlass kleine Snacks und Getränke kaufen und auf den Bierbänken im Eingangsbereich verzehren. Der Münchner Wald ist auch ein beliebtes Ziel für Kindergruppen oder Kindergeburtstage mit Klettern und Bogenschießen.

Noch mehr … Klettern Der Münchner Wald ist das zweite Projekt der Betreiber des **Kletterwalds**

in Prien am Chiemsee. Mit Blick auf den Chiemsee können dort 13 Parcours erklettert werden. Es gibt Angebote für Kinder ab vier Jahren. Der **Hochseilgarten Ammersee** ist als riesiges Piratenschiff gestaltet und für Kinder ab sechs Jahren geeignet. Unweit davon befinden sich das Labyrinth Ex-Ornamentis (Tour 12) und der Biergarten Alte Villa Utting. Ein Mindestalter von fünf Jahren und eine Körpergröße von 1,20 Meter sind Voraussetzung, um im **Kletterwald Garmisch** klettern zu können. Wer Tiere und Klettern an einem Tag erleben will, kann dies im **Waldseilgarten Oberreith** (für Kinder ab sechs Jahren) tun. Dieser befindet sich auf dem Gelände des Wildfreizeitparks Oberreith (Tour 27). Für Kinder ab acht Jahren geeignet sind der **Kletterwald München Grünwald**, direkt neben dem Walderlebniszentrum Grünwald (Tour 27), und der **Klettergarten Fürstenfeldbruck**, der idyllisch auf einer Amperhalbinsel gelegen ist.

Kinder lieben Klettern und sind dabei oft mutiger als die Großen.

20 Mit allem, was Räder hat

Landschaftspark Hachinger Tal

Ausgangs-/Endpunkt
Landschaftspark Hachinger Tal

Anfahrt
Auto: Der Rosenheimer Straße und der A 8 bis Neubiberg folgen, von dort weiter bis Unterhaching fahren.
Bahn: Mit der S7 in Richtung Kreuzstraße bis Neubiberg, und dann 1,8 km laufen

Information
An der Hachinger Haid, 82008 Unterhaching, Tel. 089/665510, neubiberg.de, unterhaching.de

Ihre Kinder lieben Scooter, Fahrrad oder Inlineskates und wollen sich ungefährdet durch Autos mal so richtig auspowern? Dann ist der Landschaftspark Hachinger Tal genau das Richtige: Das Gelände des ehemaligen Fliegerhorsts Neubiberg wird von einer wunderbar glatten Flugzeuglandebahn durchzogen.

Der **Landschaftspark Hachinger Tal** liegt im Süden Münchens und erstreckt sich zwischen Neubiberg und Unterhaching. Die Start- und Landebahn weist klar auf die frühere Nutzung hin: Der Fliegerhorst Neubiberg, auf dessen südlichem Teil sich heute der Landschaftspark befindet, wurde wenige Jahre vor Beginn des Zweiten Weltkriegs angelegt und überwiegend militärisch genutzt.
Heute ist der Landschaftspark ein beliebtes Ziel für Freizeitsportler, aber auch für Naturliebhaber. Auf der zwei Kilometer langen und 35 Meter breiten Landebahn tummeln sich Fun-Sportler mit allem, was Räder hat. Vom Skateboard über Easy-Roller, Scooter, Fahrrad, Laufrad, Inlineskates bis hin zu Landpaddling oder Kitelandboarding … alles wird hier ausprobiert. An dem in Neubiberg gelegenen Ende der Landebahn gibt es einen Skateboardplatz, ein Beachvolleyballfeld, Hängematten und mehrere Basketballkörbe. Eine schöne Aussicht über das ganze Gelände hat man von einem kleinen Panoramahügel aus. Am anderen Ende der Landebahn sind ebenfalls Beachvolleyball- und Fußballplätze angelegt. Dort, wo der Hachinger Bach das Gelände durchschneidet, befindet sich ein Wasserspielplatz (Biberger Straße 89, 82008 Unterhaching). Die Wiesen rechts und links der Landebahn dürfen zu

bestimmten Jahreszeiten nicht betreten werden. Hier brüten seltene Vogelarten. Im Süden des Landschaftsparks weiden sogar Schafe. Hunde dürfen nur entlang der sogenannten Hundemeile frei laufen – einer Strecke im Norden des Landschaftsparks unmittelbar am Zaun zum Gelände der Bundeswehruniversität. Wer einmal rund um den ganzen Landschaftspark wandert, hat eine Strecke von etwa 5,7 Kilometern absolviert.

Der Landschaftspark Hachinger Tal ist ideal zum Üben.

21 Klettern & Bouldern

Boulderwelt München und mehr

Ausgangs-/Endpunkt
Boulderwelt München Ost oder Boulderwelt München West

Anfahrt
Zur Boulderwelt München Ost die S1 in Richtung München Ost bis München Ost nehmen und dann 500 m zu Fuß gehen. Zur Boulderwelt München West mit der S8 Richtung Herrsching bis Haltestelle Neuaubing und zu Fuß in wenigen Minuten in die Bertha-Kipfmüller-Straße

Öffnungszeiten
Mo–So + Feiertage 7–23 Uhr (zumindest München Ost)

Preise
Boulderwelt München Ost zur Primetime: Kinder unter 6 Jahre gratis, Kinder 6–13 Jahre 9,90 €, Erwachsene 14,90 €; Boulderwelt München West zur Primetime: Kinder unter 6 Jahre gratis, Kinder 6–13 Jahre 7,90 €, Erwachsene 12,90 €; da es verschiedene Zeitzonen mit verschiedenen Preisen gibt, die Websites überprüfen!

Information
Boulderwelt München Ost, Hanne-Hiob-Str. 4 81671 München, Tel. 089/45 23 48-23, boulderwelt-muenchen-ost.de; Boulderwelt München West, Bertha-Kipfmüller-Str. 19, 81249 München, Tel. 089/82 07 34 99, boulderwelt-muenchen-west.de

Eine Alternative zu Indoorspielplätzen sind die Kinderbereiche in den Münchner Boulderhallen. Beim Bouldern, das anders als das Klettern in niedrigen Höhen stattfindet, trainieren die Kinder Kraft, Koordination und Konzentration.

Die neu gestaltete **Boulderwelt München Ost** befindet sich in der Nähe des Ostbahnhofs. Kinder haben hier einen eigenen großzügigen Kletterbereich. Kletterschuhe auch in Kindergrö-

ßen können am Empfang ausgeliehen werden. Für Kinder ab sechs Jahren werden regelmäßige Trainings und Geburtstagsfeiern angeboten. Ganz in der Nähe der Boulderwelt München Ost befindet sich das trubelige Werksviertel mit dem Riesenrad Umadum. Auch die **Boulderwelt München West** hat einen eigenen Kinderbereich mit Hängebrücke, Rutsche und Tunnel. Hier können Familien mit Kindern einen zweistündigen Familien-Workshop buchen. Die Boulderwelt München West liegt direkt neben dem Indoorspielplatz Wichtelwerk (Tour 16).

Noch mehr … Bouldern Die **DAV-Kletter- und Boulderzentren** München-Süd, München-Freimann und Gilching bieten für Kinder ab drei Jahren einen eigenen Kletterbereich mit Piratenschiff, Ritterburg und dicken Matten an. Farbenfrohe Kletterwände (Fun Walls) findet man in der **MAXX-Arena** in München sowie in der **Exus-Sporterlebniswelt** in Gersthofen bei Augsburg.

Linke Seite: Bouldern kann man auch ganz ohne Kletterkenntnisse …

… und das Tolle dabei ist, es geht ganz ohne Seil und Haken.

22 Schlittenfahren

Obere Firstalm, Untere Firstalm, Reiser Alm, Drehhütte

Ausgangs-/Endpunkt
Parkplatz am Spitzingsattel

Anfahrt
Auto: Auf der A 8 München–Salzburg (A8) bis zur Ausfahrt Weyarn, dann über Miesbach und Schliersee Richtung Spitzingsattel zum gebührenpflichtigen Parkplatz
Bahn/Bus: Mit der BOB bis Fischhaus-Neuhaus und weiter mit Bus 9562 bis Haltestelle Spitzingsattel

Gehzeit
Aufstieg vom Parkplatz bis zur Oberen Firstalm 50 Min., Abfahrt 10 Min.

Einkehr
Berggasthof Obere Firstalm

Information
Obere Firstalm, 83727 Spitzingsee, Tel. 08026/73 02, firstalm.de

Gefühlt gibt es in den letzten Jahren immer weniger Schnee in der Stadt. Wenn dann doch mal welcher fällt: nichts wie raus zum Schlittenfahren und Schneemannbauen.

Eine kindertaugliche und 2,4 Kilometer lange Rodelstrecke, nicht zu steil und mit wenigen Kurven, startet vom Berggasthof **Obere Firstalm**. Vor dem Rodelvergnügen steht allerdings ein etwa dreiviertelstündiger Aufstieg über die geräumte Forststraße vom Spitzingsattel zur Oberen Firstalm. Hier kann man sich einen Schlitten für sechs Euro ausleihen. Hinunter mit dem Schlitten geht es auf der gleichen Strecke wie hinauf. Rücksicht auf die entgegenkommenden Wanderer ist also angesagt. Nachts ist die Strecke sogar beleuchtet. Eine Alternative zur Oberen Firstalm ist die Rodelstrecke ab der **Unteren Firstalm**. Sie ist mit eineinhalb Kilometern etwas kürzer als die Abfahrt von der Oberen Firstalm. Die Untere Firstalm ist bewirtschaftet, Schlitten können hier ebenfalls ausgeliehen werden. Aufstieg und Abfahrt erfolgen auf der gleichen Strecke. Ebenso beliebt sind die Rodel-

Groß ist auch das Rodelvergnügen im Englischen Garten unter dem Monopteros.

strecken ab der **Reiser Alm** bei Lenggries oder ab der **Drehhütte** bei Schwangau.

Wenn richtig viel Schnee liegt, kann man zum Glück fast jeden Hang zur Rodelpiste erklären.

Noch mehr ... Rodelhügel In der Stadt eignet sich letztendlich jeder Hang, der nicht unmittelbar an eine Straße grenzt, für Kinder zum Rodeln. So findet man sicher in seiner Nachbarschaft einen Geheimtipp für einen schönen Rodelhang im nächsten Park. Besonders beliebt sind der Rodelhügel im Osten des Riemer Parks, der Olympiaberg, die Hänge im Westpark sowie unterhalb des Maximilianeums in den Maximiliananlagen, an der Bavaria auf der Theresienwiese und beim Monopteros im Englischen Garten. Alle Rodelhänge in der Stadt findet man unter www.muenchen.de/freizeit/rodeln-schlittenfahren.

23 Eislaufen

Prinzregentenstadion

Ausgangs-/Endpunkt
Prinzregentenstadion

Anfahrt
Mit der U4 zur Haltestelle Prinzregentenplatz

Öffnungszeiten
Während der Wintersaison Di und Mi 9.30–16 Uhr, Fr bis So und Feiertag 9.30–21.30 Uhr

Preise
Kinder ab 6 Jahren 4,50 €, Erwachsene 6,50 €

Einkehr
Restaurant Aquamarin Information Prinzregentenstadion, Prinzregentenstraße 80, 81675 München, Tel. 089/23 61 50 50, swm.de/baeder/eislaufen

Zu einem echten Wintervergnügen gehören nicht nur Schneemannbauen, Skifahren und Rodeln, sondern auch Schlittschuhlaufen. Das ist ein Spaß für Groß und Klein und damit ein echtes Familienerlebnis.

Zum Glück gibt es in München mehrere Kunsteisbahnen, sodass keine Einbruchgefahr besteht. Es empfiehlt sich aber, einen Helm und Handschuhe zu tragen. Das **Prinzregentenstadion** im Münchner Stadtteil Bogenhausen kennt man im Sommer als Freibad mit großer Liegewiese, Wasserrutsche, Spielplatz und Kleinkindbecken. Dort, wo an heißen Tagen die Liegestühle auf weißem Sandstrand stehen, ist im Winter die künstliche Eislauffläche. Hier kann man bei Musik und Beleuchtung beschwingt seine Runden drehen. Für Kinder stehen Eisgleiter-Pinguine zur Verfügung, die Halt bieten bei den ersten Eislaufversuchen. Schlittschuhe für Kinder und Erwachsene können vor Ort gegen eine Gebühr ausgeliehen werden. Die Eisfläche wird mehrmals

Mitten in München am Karlsplatz gibt es in der Weihnachtszeit eine Eislauffläche. Der Münchner Eiszauber begeistert vor allem in der Dämmerung.

am Tag gepflegt. Wer nicht Schlittschuhlaufen kann oder will, nimmt auf der Zuschauertreppe Platz.

Wenn es länger richtig kalt ist, dann frieren sogar die großen Seen zu. Für ein unbeschwertes Eislaufvergnügen müssen wir aber unbedingt die Angaben der jeweiligen Gemeinden beachten.

Noch mehr … Schlittschuhlaufen Während die meisten Eislaufmöglichkeiten nur für die Wintersaison bestehen, kann fast ganzjährig im **Olympia-Eissportzentrum** gefahren werden. Es besteht eine Leihmöglichkeit für Schlittschuhe. Wer unter freiem Himmel Eislaufen möchte, kann dies von Mitte Oktober bis Mitte März in den **Eis- und Funsportzentren Ost und West** tun. Nicht nur bei Schlittschuhfahrern, sondern auch bei Freunden des Eisstockschießens beliebt ist der **Nymphenburger Schlosskanal**, der bis 22 Uhr beleuchtet wird. An der 1400 Quadratmeter großen Eislauffläche im **Freizeitpark in Grünwald** können Schlittschuhe und Eishockeyschläger ausgeliehen werden.

24 Funsport indoor

Trampolinspringen, Bowling, GoKart

Ausgangs-/Endpunkt
AirHop München

Anfahrt
Über den Mittleren Ring und weiter Richtung Norden auf der B13 bis zum Ziel fahren

Öffnungszeiten
Mo bis Do 15–20 Uhr, Fr 15–21 Uhr, Sa bis So 10–20 Uhr; in den Sommerferien 10–20 Uhr

Preise
Für 60 Minuten Springen 15,90 € (vor Ort 16,90 €) + 3,50 € pro Person für rutschfeste Socken für Kinder, die älter als 6 Jahre sind; weitere Tarife auf der Website

Information
AirHop München, Ingolstädter Str. 172, 80939 München, Tel. 040/54070 12, airhoppark.de/muenchen

Dem Trampolinspringen werden eine Menge guter Wirkungen auf Koordination, Ausdauer und Muskelkraft zugeschrieben. In erster Linie macht es Kindern aber einfach Spaß. Wie schön, dass sie diesem Sport gleich mehrfach in München nachgehen können.

Mittlerweile buhlen gleich drei Trampolinanlagen um die Gunst der Kinder. Bereits seit Sommer 2016 gibt es den **AirHop Trampolinpark** im Münchner Norden. Hier können Kinder ab fünf Jahren eine riesige Trampolinwelt erkunden. Die **MAXX-Arena** versteht sich als Funsportarena und bietet neben der großen Trampolinanlage auch eine äußerst farbenfroh gestaltete Kletteranlage sowie 3-D-Schwarzlicht-Minigolf. Jüngste Anlage ist das **Superfly** im Münchner Osten. Es bietet Trampolinspaß auf fast 4000 Quadratmetern. In allen drei Anlagen können Kindergeburtstage gefeiert werden. Weitere Gemeinsamkeit: Zum Springen werden spezielle Antirutschsocken benötigt, die jeweils käuflich vor Ort zu erwerben sind. Wer beim Trampolinspringen auf den Geschmack gekommen ist, kann die Grundla-

Fahrerisches Können ist auf der Gokartbahn gefragt.

Auf dem Trampolin können sich die Kids so richtig austoben.

gen des Springens auch in (Ferien-)Kursen erlernen. Angeboten werden solche Kurse beispielsweise bei **Trampolin.Pro** (muenchen.trampolin.pro) oder bei **Free Arts of Movement** (freeartsofmovement.com).

Bowling hat schon längst sein Image als Kneipensport abgelegt und ist heutzutage eine schöne Familienaktivität. Es eignet sich auch gut als Aktivität für einen Kindergeburtstag. Wetterunabhängig können im **Dream-Bowl Unterföhring** 52 Bowlingbahnen bespielt werden. Das Angebot wird ergänzt durch eine Minigolfanlage, Billardtische und einen Bistrobereich. Nicht nur Bowling spielen, sondern auch einen Bowlingkurs machen kann man bei **Isarbowling**. Bowling und Billard (billardroom-bowling.de) können im **Cineplexgebäude** in Neufahrn gespielt werden.

Kinder ab acht Jahren können ihren Traum, einmal Rennfahrer zu sein, beim **Gokartfahren** ausleben. Lärm- und geruchsfreie Karts gibt es in der **GoKartArena Neufinsing**. Der Besuch dort kann mit einem Mittagessen im hauseigenen Restaurant und einer Runde Minigolf (outdoor) verbunden werden.

25 Fun- und Trendsport outdoor

Skaten, Dirtbiken, Parkour, Beachvolleyball

Ausgangs-/Endpunkt
Free Arts of Movement

Anfahrt
Mit der S2 in Richtung Erding bis München Ost fahren, von dort 500 m zu Fuß bis zum Ziel laufen

Öffnungszeiten
So bis Do 10–21 Uhr, Fr und Sa 10–22 Uhr

Preise
Probetraining 10€ (Registrierung erforderlich)

Information
Piusstraße 26, 81671 München, Tel. 01515/7640281, freeartsofmovement.com; andere Aktivitäten: Dirtbiken, stadt.muenchen.de/infos/dirtbiken.html;
Skaten, www.muenchen.de/freizeit/skaten

Es kommt irgendwann die Zeit, ab der Kinder Spielplätze nicht mehr spannend finden. Wo gibt es dann ebenso unkomplizierte Möglichkeiten für Spiel und Spaß an der frischen Luft? Die Alternativen für größere Kinder sind Parkour-, Skater- und Dirtbike-Plätze.

Parkour-Profis überwinden Hindernisse im alltäglichen Raum mit artistischer Leichtigkeit. Freie Übungsplätze sind am Candidplatz und an der Ludwig-Thoma-Realschule zu finden. Professionelle Anleitung gibt es bei **FAM e.V.** (Free Arts of Movement). Der Verein betreibt eine eigene Trainingshalle im Werksviertel.

Beim **Dirtbiken** geht es darum, mit dem Fahrrad kurvenreiche und hügelige Trails zu bewältigen. Fans dieser Trendsportart sind überzeugt, dass das Dirtbiken Mut, Kraft und Geschicklichkeit fördert. Dirtbike-Anlagen gibt es in München an der Goteboldstraße in Allach, in der Herterichstraße in Solln, in der Neuherbergstraße an der Nordhaide, in der Silberdistelstraße in Pasing und in der Triebstraße in Moosach (nähere Infos unter stadt.muenchen.de/infos/dirtbiken.html).

Skater-Plätze, die allesamt auch für BMX-Räder und Scooter geeignet sind, gibt es in München in größerer Zahl, z. B. am Feierwerk, am Olympiapark, am Candidplatz und im Riemer Park Ost (nähere Infos unter muenchen.de/freizeit/skaten). Eine erste Indoor-Skatehalle wurde in der Dachauer Straße eröffnet.

Mit einem Skateboard kann man aber nicht nur auf einen Skaterplatz Spaß haben. Ein neuer Trendsport ist **Landpaddling**. Dabei bleiben beide Füße auf dem Board. Abgestoßen wird mit einem langen Paddle, ganz so wie auf dem Wasser beim **Stand-up-Paddling (SUP)** (siehe Tour 18).

Beachvolleyball kennt man als olympische Teamsportart, wird aber auch immer häufiger als Freizeitsport gespielt. Das schöne ist – entgegen seiner Bezeichnung kann man Beachvolleyball nicht nur am Strand spielen, sondern auch in einer weit vom Meer entfernten Stadt wie München. Beim Beachvolleyball ste-

Perfektes Urlaubsfeeling beim Beachvolleyball

hen sich Teams von je zwei Spielern gegenüber. Ziel ist es, den Ball so über das Netz zu schlagen, dass ihn die gegnerische Mannschaft nicht mehr aufnehmen kann und er zu Boden fällt. Gespielt wird barfuß auf einem mit Sand bedeckten Feld. Frei zugängliche Plätze finden sich beispielsweise am Feringasee, am Riemer See und am Feldmochinger See. Auch in etlichen Freibädern kann im Sommer Beachvolleyball gespielt werden (Michaelibad, Freibad West und Prinzregentenbad). Wer sich ein Beachvolleyballfeld reservieren will, kann das beispielsweise in der **Tennisanlage Rothof** in Bogenhausen oder am **Roberto Beach** in Aschheim tun.

So mancher Bewohner des BergTierParks Blindham lässt sich gerne füttern und streicheln.

Natur & Tiere

26 Tierpark und Aquarium

Tierpark Hellabrunn, Sea Life und Vogelpark Olching

Ausgangs-/Endpunkt
Tierpark Hellabrunn

Anfahrt
Auto: Der Tierpark liegt im Ortsteil Thalkirchen im Münchner Süden, der Weg dorthin ist ausgeschildert; zwei große Parkplätze stehen an den beiden Eingängen zur Verfügung.
Bahn: Mit der U3 bis Haltestelle Thalkirchen, dann 5 Min. zu Fuß bis zum Isareingang.

Öffnungszeiten
Im Sommer 9–18 Uhr, im Winter bis 17 Uhr

Preise
Kinder 4–14 Jahre 7 €, Erwachsene 18 €

Information
Münchener Tierpark Hellabrunn, Tierparkstr. 30, 81543 München, Tel. 089/625 08-0, hellabrunn.de

Rechte Seite:
Oben: Nur eine Glasscheibe trennt die Kinder von den neugierigen Rochen.

Unten: Ein Gorilla begrüßt uns vor dem Affenhaus in Hellabrunn.

Der 1911 gegründete Tierpark Hellabrunn ist wohl eines der bekanntesten und beliebtesten Ausflugsziele für Münchner Familien. Die 750 Tierarten leben in Gehegen, die nach den Erdteilen angeordnet sind. Wer mit dem Auto kommt, hat die Wahl zwischen den Parkplätzen am Flamingo- und am Isareingang. Allerdings werden diese am Wochenende schnell knapp.

Das Tollste an so einem Tag im Zoo ist, dass man mit Kindern einen langen Spaziergang macht – und sie es gar nicht bemerken. Unsere Lieblingstour im **Tierpark Hellabrunn** führt vom Flamingoeingang an den Affen vorbei zu den Elefanten bis zum ersten Pausenstopp beim Imbiss am Schildkrötenhaus, dann weiter zu den Pavianen und Pinguinen. Dort biegen wir ab zum Abenteuerspielplatz und zum Kinderland mit seinen Fahrgeschäften. Die Hauptattraktion beim Abenteuerspielplatz, der direkt am Tierparkrestaurant mit großem Biergarten gelegen ist, ist der »Elephantenrüssel«, eine Riesenrutsche, die erst von wagemutigen Kletterern erklommen werden will und Kinder ab etwa sechs Jahren anspricht. Hungrig bleiben muss im Zoo übrigens niemand. Außer dem Tierparkrestaurant gibt es noch diverse Cafés und Kioske.
Wer mit seinen Kindern in eine Unterwasserwelt eintauchen möchte, kann dies im **Sea Life** tun. 4000 Meeresbewohner in 33 Aquarien warten darauf, entdeckt zu werden. Der Rundgang ist dem Wasserlauf zum Meer nachgebildet. Über die Bereiche Isar und Donau gelangt man zum Schwarzen Meer, wo sich auch das Berührungsbecken befindet. Es ist für die Kinder ein nachhaltiges Erlebnis, einen kleinen Krebs auf die Hand nehmen zu können oder eine Seeanemone mit Plankton füttern zu dürfen. Auf dem weiteren Weg begegnet man Fischschwärmen, Quallen, Seepferdchen und Tintenfischen, bis man zum Mittelmeerhafen kommt. In einem großen Becken können Rochen und andere beeindruckend große Fische bewundert werden. Fast

das Ende des Rundganges hat man beim »tropischen Ozean« erreicht, der durch einen Glastunnel unterquert wird. Zum Abschluss kann noch vor der großen Panoramascheibe dem Treiben der Tiere zugesehen werden, bevor man über eine Treppe wieder nach oben gelangt.

Vogelliebhaber kommen im **Vogelpark Olching** auf ihre Kosten. Das Gelände ist idyllisch an der Amper gelegen. Rund 150 Vogelarten können bestaunt werden. Das Kassenhäuschen, an dem auch kleine Snacks gekauft werden können, befindet sich zentral im Parkgelände. Geöffnet hat der Park nur an Wochenenden und Feiertagen.

27 Wildparks

Wildfreizeitpark und Waldseilgarten Oberreith, Wildpark Poing, Bergtierpark Blindham

Ausgangs-/Endpunkt
Wildpark Oberreith

Anfahrt
Auf der A 94 und B 12 Richtung Passau bis zur Ausfahrt Gars, dann über Gars Richtung Schnaitsee bis Unterreit, von dort geht es nach rechts einen Kilometer nach Oberreith.

Öffnungszeiten
Frühling bis Herbst 9–18 Uhr, in den Pfingst- und Sommerferien 9–19.30 Uhr

Preise
Wildfreizeitpark Kinder 3–14 Jahre 7,80 €, Erwachsene 9,40 €; Waldseilgarten inkl. Wildfreizeitpark Kinder ab 6 Jahren 15,90 €, Kinder ab 8 Jahren 21,40 €, Erwachsene 26,80 €

Information
Wildpark Oberreith, Oberreith 6a, 83567 Unterreit, Tel. 08073/91 53 61, wildpark-oberreith.de, wildpark-oberreith.de/waldseilgarten

Ein Spaziergang begeistert für gewöhnlich nicht alle Kinder. Wenn man dabei aber Wildschweine und Rehe aus nächster Nähe sehen kann, wird die Waldtour zum Abenteuer. Wenn dazu noch ein spannender Spielplatz oder gar ein Klettergarten lockt, ist die Begeisterung bei den Kindern fast schon garantiert.

Der **Wildfreizeitpark und Waldseilgarten Oberreith** lädt zu vielerlei Aktivitäten ein. Gleich nach dem Eingang lockt das weitläufige Spielplatzgelände mit einem großen überdachten Sandspielplatz. Zum Austoben gibt es allerlei Rutschen, Schaukeln, Wippen und für die ganz Mutigen eine recht hohe Vogelnestpyramide. Naturbegeisterte Kinder können sich die Vogelflugschau ansehen. Spaß macht auch die 600 Meter lange Fahrt mit der kleinen Parkeisenbahn, vorbei am Weidenlabyrinth, am Feuchtbiotop und an den Gehegen mit Rehen, Ponys, Eseln und Lamas. Absoluter Höhepunkt des Parks aber dürfte der im Wald gelegene 35 Meter hohe Aussichtsturm sein. Von hier aus hat man einen schönen Überblick über den Wildpark bis hin zu den Alpen. Hier ist auch der Start für den Mega-Flying-Fox (ab neun Jahren): Gesichert in einem Seilsystem kann man 400 Meter über den ganzen Park fliegen. Gelandet wird auf einer Plattform an der Gaststube. Der Waldseilgarten bietet elf Parcours in unterschiedlichen Schwierigkeitsgraden. Für Kinder ab sechs Jahren gibt es drei leichtere Parcours, ab acht Jahren kann die ganze Anlage genutzt werden.

Noch mehr … Wildparks Der Grünwalder Forst bietet Großstadtkindern Walderlebnisse vor der Haustür. Kern des **Walderlebniszentrums** ist der Ausstellungs-Pavillon von 1863, in dem man Lehrreiches über Waldtiere und Pilze erfährt. Kuriosestes Ausstellungsstück ist der Wolpertinger – ein Fabelwesen mit Entenschnabel und Vogelfedern. Am Pavillon gelegen ist eine idyllische Waldwiese mit Picknicktischen und Spielmöglichkei-

Kinder und Eltern lieben es, die zahmen Rehe im Wildtierpark zu füttern.

ten für die Kinder. Ein kleiner Ausschank bietet Getränke und frisch gebackene Waffeln an. Der ideale Platz also für Sonntagspicknicks mit Familie und Freunden. Links und rechts der Wiese grenzen die Wildschweingehege an. Hier leben etwa 20 Tiere. Ihre Fütterung kann täglich um 16 Uhr am Wildschweinstadl beobachtet werden. Um die Wildschweingehege herum führt der 2,8 Kilometer lange und kinderwagengeeignete Walderlebnispfad. Um alle zwölf Stationen des Rundwegs – wie den Barfußpfad, die Weitsprung-Grube oder das Holz-Xylophon – zu erkunden, werden etwa eineinhalb bis zwei Stunden benötigt. Abkürzungen sind möglich.

Frei laufende Rehe, eine sonnige Picknickwiese und ein riesiger Spielplatz machen den **Wildpark Poing** zu einem beliebten Ausflugsziel der Münchner. Parkplätze sind immer ausreichend entlang der Anfahrtsstraße zu finden. Das erste Wegstück führt am Rehgehege vorbei und durch den Wald, wo Rehe und Bergziegen frei herumlaufen und den Besuchern ganz nah kommen. Tierfutter gibt es an der Kasse zu kaufen. Hat man dann noch die Entenwiese passiert, ist nach etwa 20 Minuten die große sonnige Picknickwiese erreicht, auf der auch bei größtem Andrang immer noch eine freie Bank zu finden ist. Hier kann man selbst mitgebrachtes Essen verzehren oder am Kiosk Würstchen, Pizza, Eis und Getränke ordern. Für Kinder jeden Alters lässt der weitläufige Spielplatz keine Wünsche offen. Im Sommer besonders beliebt ist der Wasserspielplatz. Nahe der Picknickwiese gibt es für Abenteurer ein großes Westernfort und Indianertipis, außerdem eine Arena für die Greifvogelshow, die nichts extra kostet. Der Falkner lässt die Adler, Falken und Eulen dabei dicht über die Köpfe der Zuschauer fliegen. Wer mag, kann von hier einen Abstecher zum Bärengehege machen und die vier Braunbären beobachten. Von der Picknickwiese aus kann der Rundgang fortgesetzt werden (Gehzeit: weitere 40 Minuten). Hier gibt es noch

Der riesengroße Erlebnisspielplatz im Wildtierpark Poing

süße Minischweinchen, Luchse, Schneeeulen und Kolkraben zu entdecken.
Der täglich geöffnete **BergTierPark Blindham** in Aying hat ein Streichelgehege, einen großen Spielplatz sowie den SpielStadl zu bieten. Der BergTierPark beherbergt Haustiere und heimische Wildtiere. Tierbegeisterte Kinder können im Streichelgehege Schafe und Ziegen füttern; das Futter ist an der Eingangskasse erhältlich. Besonders schön ist der große Spielplatz mit Hüpfburgen, Klettergerüsten, Schaukeln und Rutschen. Sind die Kinder vom vielen Toben müde geworden, bietet sich eine Stärkung im Biergarten mit Brezn, Würstchen, Kuchen und Getränken an. Selbst mitgebrachtes Essen kann auf den Picknickplätzen rund um den Spielplatz verzehrt werden. Wer im BergTierPark seinen Geburtstag feiern will, kann im Park-Café einen Geburtstagskuchen bestellen. Der BergTierPark ist auch eine Alternative bei schlechtem Wetter. Der SpielStadl ist eine wunderschön ausgebaute große Spielscheune auf drei Ebenen, wobei die unterste den Kleinkindern vorbehalten und im Winter beheizt ist. Die Größeren können sich auf Rutschen und Hängebrücken, im Bällebad und beim Softball-Shooting vergnügen. Mit Straßenschuhen darf das SpielStadl übrigens nicht betreten werden, es empfiehlt sich für Groß und Klein, Stoppersocken oder Hallenturnschuhe mitzunehmen.

Der kleine Esel ist sehr zahm.

Auf einem schönen und familiengerechten Rundweg kann man durch den **Lechpark Pössinger Au** wandern. Hier gibt es verschiedene Infotafeln entlang des Naturlehrpfades, ein Wildschweingehege, einen Spielplatz und immer wieder Bänke und Tische, um die selbst mitgebrachte Brotzeit zu verzehren.
Im Ebersberger Forst liegt die **Hohenlindner Sauschütt** mit Tiergehegen, Picknickplätzen und einem Aussichtspunkt. Der Rundweg ist – je nach Wahl – zwei oder drei Kilometer lang.

28 Reiter- und Erlebnisbauernhöfe

Reitsberger Hof, Gut Aiderbichl und mehr

Information

Das Sonnenland – Reitanlage und Kinderwerkstatt, beim Gutsgasthof Stangl, Münchner Straße 1a, 85646 Neufarn, Tel. 089/21547422, sonnenland-kinderwerkstatt.de;

Reitschule Matthof, Senderstr. 11, 85737 Ismaning, Tel. 089/96228898-0, matthof.de;

Reitschule Reitsberger, Baldhamer Straße 99, 85591 Vaterstetten, Tel. 08106/7194, reitschule-reitsberger.de;

Kinder- und Jugendfarm Neuaubing, Wiesentfelserstr. 59, 81249 München, Tel. 089/8711287, jugendfarm-muenchen.de;

Kinder- und Jugendfarm Ramersdorf, Görzer Str. 95, 81549 München, Tel. 089/60062815, jugendfarm-muenchen.de;

Herrmannsdorfer Landwerkstätten, Herrmannsdorf 7, 85625 Glonn, Tel. 08093/9094-0, herrmannsdorfer.de;

Landeshauptstadt München, Kommunalreferat, Stadtgüter München, Gut Riem, Isarlandstraße 1, 81829 München, muenchen.de

Sind Kühe tatsächlich lila und Entenküken gelb? Natur und Tiere können Großstadtkinder in zahlreichen Reiter- und Erlebnisbauernhöfen in und um München erfahren. Sie bieten auch die Kulisse für großartige Kindergeburtstagsfeiern.

Die **Kinderwerkstatt Sonnenland** in Neufarn ist einer dieser Orte. Auf dem weitläufigen Gelände werden neben Reitstunden auch Kindergeburtstage angeboten. Höhepunkt jeder Feier ist der Ausritt zur Strohburg, wo es einen kleinen Schatz zu entdecken gilt. Wer mag, kann anschließend noch am Lagerfeuer Platz nehmen und Stockbrot grillen. An einem kleinen Kiosk werden die Besucher mit Kaffee, Eis und frisch gebackenen Waffeln versorgt.

Auch andere Reiterhöfe rund um München bieten Kinderreitstunden und -geburtstage an. Auf dem **Matthof** in Ismaning beispielsweise können Kinder ab eineinhalb Jahren bereits am Ponyführen teilnehmen. Die Kinder sitzen dabei auf ganz kleinen Minipferden, die von den Eltern geführt werden, und drehen eine Runde durchs Gelände. Im Reiterhof **Reitsberger Hof** in Vaterstetten dürfen die Kinder einen Blick in den Kuhstall werfen und auf einem großen Spielplatz spielen. Leckeres Essen gibt es im Gasthof Landlust. In der Nähe des Reitsberger Hofes, an der Ecke Johann-Sebastian-Bach-Straße/Baldhamer Straße, befindet sich die Minigolfanlage Edi's Spielewelt (minigolf-vaterstetten.de).

Ein Bauernhoferlebnis für Stadtkinder bietet die **Münchner Kinder- und Jugendfarm** an den beiden Standorten Neuaubing und Ramersdorf. Hier können Kinder Haus- und Nutztiere beobachten, auf einer großen Wiese mit verschiedenen Spielgeräten spielen oder bei der Arbeit auf dem Hof mithelfen, etwa eine Pflegschaft für ein Tier übernehmen.

Landleben in der Stadt ermöglicht auch das **Städtische Gut Riem** mit dem Mitmachstall für Kinder.

Die **Herrmannsdorfer Landwerkstätten**, im etwa 30 Kilometer von München entfernten Glonn gelegen, sind ein beliebtes Ausflugsziel. Hier können die vor Ort produzierten Lebensmittel im Hofmarkt gekauft oder im Biergarten verkostet werden. Regelmäßig gibt es Führungen und Veranstaltungen.

Im Süden des Starnberger Sees, in Iffeldorf, liegt das Tierparadies **Gut Aiderbichl**. Hier dürfen mehr als 300 Tiere, u. a. Pferde, Schweine, Hunde und Katzen, ihren Lebensabend verbringen. Es finden sich dort aber auch exotische Tiere wie Lamas, Alpakas und sogar ein Kamel. Für die Kinder ist es ein riesiges Erlebnis, die frei laufenden Schafe und Ponys zu streicheln. Der Ausflug zum Gut Aiderbichl kann gut mit einem Bad im Starnberger See verbunden werden.

Sauwohl fühlen sich die kleinen Schweine in den Herrmannsdorfer Landwerkstätten.

Oben: Das Gut Aiderbichl liegt in der Nähe von Iffeldorf unweit der Osterseen.

Schon kleine Bergtouren wie am Hörnle über Bad Kohlgrub werden zu unvergesslichen Erlebnissen.

Wandern & Erleben

29 Bergerlebniswelten

Ellmi's Zauberwelt Ellmau, Hexenwasser Söll, Rosenalm, Triassic Park

Ausgangs-/Endpunkt
Talstation Hartkaiserbahn in Ellmau

Anfahrt
Auf der A 8 Richtung Salzburg bis zum Dreieck Inntal, dort weiter Richtung Verona/Brenner auf der A 93 und A 8 bis zur Ausfahrt Kufstein Süd (Vignettenpflicht!); dann auf der B 173 weiter Richtung St. Johann bis nach Ellmau und dort zum ausgeschilderten Parkplatz der Hartkaiserbahn

Tourencharakter
Einfache Rundwanderung

Gehzeit
90 Min. für den Rundweg durch den Zauberwald einschließlich Spiel- und Entdeckerzeit

Öffnungszeiten
Anfang/Mitte Mai bis Anfang November täglich 9–17 Uhr

Preise
Abenteuertageskarte Erwachsene 31 €, Kinder 5–15 Jahre 15,50 €

Einkehr
Panoramarestaurant Bergkaiser an der Bergstation

Information
Ellmi's Zauberwelt, Weißachgraben 5, 6352 Ellmau, Tel. +43/5358/23 20, ellmau-going.at

Sie lieben die Berge, aber Ihre Kinder haben keine Lust zu wandern? Kein Problem: Wenn es darum geht, das Geheimnis des Koboldkönigs zu entdecken, sind kleine Wanderer sofort hochmotiviert.

Ausgangspunkt für den Bergausflug zu **Ellmi's Zauberwelt** ist die gut ausgeschilderte Hartkaiserbahn in Ellmau, Österreich. Mit modernen 10-Personen-Gondeln wird man in wenigen Minuten zur Bergstation auf 1500 Meter Höhe gebracht. Unmittelbar am Ausgang der Bergbahn befindet sich ein großes Restaurant mit Freisitz und Spielplatz, wo man sich vor oder nach der Wanderung stärken kann. Der Spielplatz setzt sich unterhalb des Restaurants fort. Rutschen, Trampoline, Schaukeln, Klettergerüste und Wasserspiele lassen die Kinder die Zeit vergessen und erlauben so den Eltern, den beeindruckenden Bergblick zu genießen. Die lebensgroße Figur des Zauberers Tumaris oberhalb des Spielplatzes ist der Ausgangspunkt für den kleinen Rundweg durch die Zauberwelt. Entlang der Wegstrecke weisen Koboldzeichen auf Aufgaben hin. Hier gilt es zu beurteilen, ob die jeweilige Behauptung des Koboldkönigs, wie z. B. »Der Knollenblätterpilz sieht einem Champignon ähnlich«, richtig ist. Wenn ja, darf im Zauberpass ein Koboldzeichen gestanzt werden; wenn nein, bleibt es frei. Wer alles richtig beantwortet hat, erhält im Restaurant, wo es auch den Zauberpass gibt, ein kleines Geschenk. Nicht nur die Fragestationen machen den Rundweg zum Abenteuer für die Kleinen, sondern auch der Kletterparcours, die verzauberte Koboldhütte, ein Aussichtsturm und das Klabauterschiff mit Minisee (Wechselkleidung nicht vergessen!). Um alles in Ruhe entdecken zu können, sollten Sie etwa 60 bis 90 Minuten für den Rundweg einplanen. Wer sich mit größeren Kindern einen etwas längeren Weg zutraut, kann auf dem Panoramaweg um die Zauberwelt herumwandern, den Almweg mit Stationen zur Heilkunde (40 Minuten) wählen oder auf dem Rübezahlwanderweg (ca. eine Stunde) zur Mittelstation der

Auch das Hexenwasser in Söll ist ein beliebtes Ziel für Familien in den Bergen.

Hartkaiserbahn absteigen. Der Panoramaweg vom Hartkaiser zum Hexenwasser Söll verbindet gleich mehrere Bergerlebniswelten. Er führt von Ellmi's Zauberwelt über die Kaiserwelt am Brandstadl in Scheffau bis zum Hexenwasser Söll, einem ideenreichen Wasserspielpark. Mit der Bergbahn Söll geht es zurück ins Tal und mit dem Bus wieder nach Ellmau.

Noch mehr … Bergerlebniswelten In unmittelbarer Nähe zu Ellmi's Zauberwelt befindet sich gleich noch eine Bergerlebniswelt, die für Bergliebhaber mit Kindern ein perfektes Ausflugsziel darstellt: das **Hexenwasser Söll**. Hinauf geht's bequem mit der Gondelbahn. Direkt am Ausstieg befinden sich das Gasthaus Hochsöll und der Hexenkessel, ein Shop, in dem u.a. Badebekleidung und Handtücher gekauft werden können. Wer nicht an Wechselkleidung gedacht hat, wird für diesen Service dankbar sein. Entlang der Rundwege, die alle mit dem Kinderwagen befahren werden können, reiht sich nämlich eine Wasserspielstation an die andere. Die Stationen sind äußerst fantasievoll gestaltet – Wasserkanäle mit Staumöglichkeit, ein Floß, auf dem man selbst fahren kann, Bachläufe, die es barfuß zu durchque-

Die Aussichtsplattform im Triassic Park symbolisiert eine Koralle

ren gilt – und haben nicht selten einen Überraschungseffekt, wie etwa unerwartete Wasserfontänen. Wer allerdings glaubt, seine Kinder zum Wandern motivieren zu können, indem man von einem Wasserspielplatz zum nächsten geht, wird möglicherweise enttäuscht werden. Schon die ersten Wasserkonstruktionen können für die Kinder so faszinierend sein, dass man sich kaum von seinem Ausgangspunkt entfernt. Söll ist von München aus in etwa eineinhalb Autostunden zu erreichen. Wer hieraus einen Wochenendausflug machen möchte, kann direkt an der Talstation der Gondelbahn im Hotel Hexenalm oder im Hotel Hexenblick übernachten. Ein Garten mit Spielplatz ist vorhanden.

Auf der **Rosenalm** bei Zell am Ziller gibt es einen so fantasievollen Mega-Spielplatz, dass sich die weite Anfahrt bis ins Zillertal mehr als lohnt. Zentrum der Rosenalm ist das ganz aus Holz gebaute Fichtenschloss sowie der neu angelegte Fichtelsee mit Bootsverleih.

Kleine Dinofans werden im **Triassic Park** auf der Steinplatte Waidring glücklich. Empfohlen wird er für Kinder ab drei Jahren. An der Bergstation der Gondelbahn wartet das Triassic Center, in dem die Urzeit spielerisch entdeckt werden kann. Danach sollte man sich auf den Triassic Trail begeben, einen vier Kilometer

Vom Wasserspielplatz im Triassic Park kann man seine Kinder nur schwer loseisen.

langen Rundweg, der auch mit Kinderwagen befahrbar ist. Reine Gehzeit sind eineinhalb Stunden, man sollte aber zwei bis zweieinhalb Stunden einplanen, um alles entdecken zu können. Ein Höhepunkt ist das Mini-Urmeer Triassic Beach. Hier gibt es einen Sandstrand, an dem nach Fossilien gebuddelt werden kann, eine Kinderkletterwand und einen Spielplatz. Mit Flößen kann man über das Wasser steuern. Schwindelfreie trauen sich auf die 70 Meter über dem Abgrund thronende Aussichtsplattform. Von hier aus hat man einen schönen Blick auf den Wilden Kaiser und die Loferer Steinberge. Der Triassic Park ist von Juni bis Anfang Oktober geöffnet.

Auf der Strecke gibt es aber auch viel Spannendes zu entdecken.

30 Themen- und Lehrpfade

Schlau werden beim Spazierengehen

Ausgangs-/Endpunkt
Kinderflößerpfad Wolfratshausen

Anfahrt
A 95 bis Münsing fahren, dann die Ausfahrt 6-Wolfratshausen nehmen.

Öffnungszeiten
Ganzjährig, durchgehend

Preise
Kostenlos

Einkehr
Wirtshaus Flößerei, Sebastiani-Steg 1, Wolfratshausen

Information
Stadt Wolfratshausen Bürgerbüro, Marienplatz 1, 82515 Wolfratshausen, Tel. 08171/214-206 tourismus.wolfratshausen.de

»Wenn nichts mehr geht, geht nur noch gehen« … Dieser Ausspruch des Spaziergangsforschers Bertram Weisshaar veranschaulicht sehr schön, dass viele Familien in der Coronazeit das Wandern für sich (wieder)entdeckt haben. Doch Kinder gehen in der Regel überhaupt nicht gerne spazieren. Hilfreich sind da Wege, bei denen man etwas entdecken kann. Lehrpfade gibt es in großer Auswahl und zu überraschend vielen Themen.

Entlang des **Kinderflößerpfades Wolfratshausen** sind acht Schautafeln zu entdecken, die kindgerecht Informationen zur Geschichte und Bedeutung der Flößerei bereitstellen. Will man alle acht Tafeln entdecken, hat man etwa 3,8 Kilometer (im Kindertempo etwa eineinhalb Stunden) zu gehen – gut geeignet also als Halbtagesausflug und auch für Familien mit kleineren Kindern und Kinderwagen (bis auf Tafel 6). Ein besonderer Anreiz wird durch das Gewinnspiel des Bürgerbüros Wolfratshausen gesetzt: Bei richtiger Beantwortung der Fragen, deren Antworten man auf den Schautafeln findet, gibt es einen Preis zu gewinnen. Von Tafel 2 zu den Tafeln 7 und 8 führt ein schöner Spazierweg an der Loisach entlang. Mitten auf dem pittoresken Sebastianssteg, der auf die gegenüberliegende Seite der Loisach führt, liegt Tafel 5. Tafel 6 muss man sich durch einen Aufstieg über mehrere Treppenabsätze hinter der Kirche am Marienplatz erarbeiten. Oben wird man belohnt mit einer schönen Aussicht über die Stadt und die umliegende Bergkette. Zugleich ist hier der Ausgangspunkt für den Walderlebnislehrpfad. Bei Tafel 4 befindet sich das Heimatmuseum mit einer interessanten Sonderausstellung zur Flößerei.

Noch mehr Themenwege … zu Tieren Wer den 1,4 Kilometer langen **Biberlehrpfad Pfaffenhofen** (kein Rundweg) entlang der Ilm absolviert, hat zwar dann immer noch nicht unbedingt einen Biber gesehen. Man gewinnt aber einen Blick für die typischen

Auf dem Pfaffenwinkler Milchweg

Anzeichen von Biberaktivität – Dämme, Biberburgen, abgenagte Stämme. An einer der Schautafeln gibt es sogar echten Biberschwanz, -fell und -zähne zu berühren. An der Stelle, wo die B 13 (Joseph-Fraunhofer-Straße) die Ilm überquert, ist der Startpunkt des Lehrpfades. Besser parkt man aber das Auto neben der Staatsstraße 2232 (siehe Karte) und rollt den Pfad von hinten auf. Mehr Informationen nebst Erkundungsbögen zum Ausdrucken finden Sie unter pfaffenhofen.de/artikel/biberlehrpfad.

Kleine Bienenforscher kommen beim 2,3 Kilometer langen **Bienenlehrpfad Kleinhöhenrain** auf ihre Kosten. Startpunkt ist das Gasthof-Hotel »Zur schönen Aussicht« (Schöne Aussicht 9, Kleinhöhenrain, 83620 Feldkirchen-Westerham). Den gut ausgeschilderten Weg säumen Schautafeln zu Bienen und anderen Insekten. Ein Highlight für die Kinder ist gegen Ende des Rundweges ein kleiner Waldspielplatz mit einem querliegenden Kletterbaum.

Durch Wolfratshausen führt der interessante Flößerpfad.

Die **Herrmannsdorfer Landwerkstätten** in Glonn lohnen sich immer für einen Besuch. Dort gibt es nicht nur leckere Lebensmittel zu kaufen und zu verkosten, sondern auch eine Menge Tiere anzusehen. Außerdem lassen sich von hier aus mehrere Spaziergänge unternehmen, u. a. auf dem sogenannten Tierweg. Dies ist ein etwa zwei Kilometer langer Rundgang, auf dem man die Stallungen der Herrmannsdorfer Tiere (Schweine, Hühner, Rinder, Schafe), den Bienengarten und eine Obstweide passiert.

... zu Landwirtschaft Unser ganz persönliches Highlight unter den Themenwegen ist der 4,2 Kilometer lange **Pfaffenwinkler Milchweg** bei Rottenbuch. Auf gut begehbaren Wegen lässt sich das wunderbare Alpenvorland genießen, während die Kinder auf zehn Schautafeln und an interessant gestalteten Infopunkten mehr über die Milch, ihre Verwendung und die Kühe lernen. Ausgangs- und Endpunkt ist die Schönegger Käse-Alm. Dort kann man bei einem (Käse-)Imbiss und auf dem hauseigenen Spielplatz den Ausflug ausklingen lassen.
Wer auf der A 9 zwischen Ingolstadt und München unterwegs ist, kommt nicht umhin, rechts und links der Autobahn die markanten langen Hopfenstäbe zu bemerken, die sich über weite Flächen erstrecken. Mitten in der Hallertau, dem größten Hopfenanbaugebiet der Welt, laden der **Hopfenrundweg Wolnzach** und das Hopfenmuseum zur Erkundung ein. An 26 Schautafeln erfährt man mehr über typische Pflanzen der Hallertau, vor allem natürlich den Hopfen. Den Rundgang absolviert man

am besten im Juli oder August, wenn die Hopfenranken schon schön hoch, aber noch nicht abgeerntet sind. Start für den vier Kilometer langen Rundweg ist ein Wanderparkplatz in der Straße Edenthal, Ecke Josef-Aichbichler-Straße. Die zum Parkplatz nächstgelegene Einkehrmöglichkeit ist der Biergarten des Bürgerbräuwirts mit kleinem Spielplatz auf der gegenüberliegenden Seite der Wolnzach.
Wer Interesse hat an Lehrpfaden zu Landwirtschaft und Gehölzen, wird auf der Internetseite der Bayerischen Landesanstalt für Landwirtschaft (LfL) fündig (lfl.bayern.de/iab/kulturlandschaft/index.php). Unter anderem gibt es dort den Hinweis auf den bei Schulklassen beliebten **Lehrpfad Grub** mit zehn Schautafeln und drei Erlebnisstationen zur Landwirtschaft. Start ist der seit Juli 2021 bestehende Info-Point am Besucherparkplatz der LfL am Prof.-Dürrwaechter-Platz 1.

… zu Steinen In Garmisch-Partenkirchen gibt es einen 1,6 Kilometer langen **geologischen Lehrpfad** zwischen Bahnhof und Skistadion. Entlang des schönen Fußweges an der Partnach sind größere und kleinere Gesteinsbrocken aus dem Alpenraum aufgestellt. Glitzernder Gneis, Kalkstein mit Fossilien, grünlicher Schiefer und grau-rosa glänzender Marmor – es gibt wunderschöne Exemplare zu bestaunen. Ein Tic-Tac-Toe, ein Abakus – natürlich alles aus Steinen – und Tafeln mit Texten zu dem Wort »Stein« ergänzen die Informationen zu den Gesteinen. Wer mag, kann den Gesteinspfad zu einem insgesamt 4,2 Kilometer langen, nahezu autofreien Rundgang erweitern. Dazu wählt man am Ende des Gesteinspfades den Spazierweg entlang der Gleise der Mittenwaldbahn Richtung Talstation Hausberg und spaziert über die Klammstraße und die Straße Am Eisstadion zurück zum Bahnhof (Fußgänger-Unterführung, siehe Karte).

… zu Planeten Die Unendlichkeit unseres Weltalls lässt sich kaum begreifen. Eine ungefähre Vorstellung von der Dimension unseres Sonnensystems vermitteln Planetenwege. Sie bilden maßstabsgerecht die Entfernung zwischen den Planeten ab. In München selbst gibt es einen 4,5 Kilometer langen **Planetenweg entlang der Isar**. Startpunkt ist der Innenhof des Deutschen Museums, der Endpunkt liegt beim Tierpark Hellabrunn. Ländlicher präsentiert sich der **Planetenweg Scheyern**. Parken

kann man beim Prielhof (Klostergut Scheyern, Prielhof 1, 85298 Scheyern). Nicht entgehen lassen sollte man sich einen Blick auf die Skulpturen und Kunstobjekte, die dort im Garten frei zugänglich aufgestellt sind. Beim Parkplatz ist schnell die leuchtend goldene »Sonne« entdeckt, der Ausgangspunkt des Planetenweges. Nicht weit davon entfernt sieht man die ersten weiteren Planeten. Bei »Neptun« ist man schon wieder auf dem mit Infotafeln zum Weltall versehenen Rückweg. Für den Rundweg benötigt man etwa eineinhalb Stunden. Ein einfacher und lehrreicher Sonntagsspaziergang! Auch rund um das weltbekannte **Kloster Ettal** führt ein Planetenrundweg. Start ist die Klosterkirche, die die Sonne repräsentiert. Im Klosterhof finden sich die Stationen Merkur, Venus und Erde.

Linke Seite: Bei Füssen gibt es den spannenden Auenwaldpfad am Walderlebniszentrum Ziegelwies.

Know-how-Tipp

Merkur – **V**enus – **E**rde – **M**ars – **J**upiter – **S**aturn – **U**ranus – **N**eptun. Die Reihenfolge unserer Planeten in Bezug auf den Abstand zur Sonne merkt man sich ganz einfach mit folgendem Satz: »**M**ein **V**ater **e**rklärt **m**ir **j**eden **S**onntag **u**nseren **N**achthimmel«. Jeder Anfangsbuchstabe steht dabei für den betreffenden Planeten. Pluto zählt übrigens nicht mehr zu den Planeten.

... zu Wäldern Walderlebnispfade findet man rund um München zuhauf. Besonders schön ist es im **Weltwald Freising**, einer Sammlung von Bäumen aus aller Welt, die im Kranzberger Forst angelegt wurde. Gut ausgeschilderte Pfade führen durch die Kontinente Nordamerika, Asien und Europa. Lieblingsplatz aller Kinder dürfte das Indianerdorf im Felsengebirge (Nordamerika West) sein.

Der rund zwei Kilometer lange **Walderlebnispfad Freisinger Forst** startet und endet an der Gaststätte »Plantage«. 23 Stationen lassen Kinder den Wald spielerisch erleben.

Münchner Familien bekannt sein dürfte das **Walderlebniszentrum Grünwald** mit Infopavillon, Wildschweingehege (Tipp: tägliche Fütterung um 16 Uhr) und Erlebnispfad (Tour 27).

Im Ebersberger Forst verbirgt sich der **Walderlebnispfad Sauschütt Hohenlinden**. Die Wege führen vorbei an Gehegen mit Wildschweinen und Damwild, Biotop und Picknickwiese. An der Waldgaststätte (Sauschütt 1, 85664 Hohenlinden), wo man auch parken kann, befindet sich ein neu gestalteter Holzspielplatz.

Das Museum Wald und Umwelt in Ebersberg ist Ausgangspunkt für den 1,5 Kilometer langen Rundweg **Naturerlebnispfad Ebersberg** »Auf dem Wechsel des Ebers«. Im Museum

Rechte Seite: Am Moorerlebnisweg in der Sterntaler Filzen bei Bad Feilnbach

kann dazu ein Begleitrucksack entliehen werden. Zusätzlich werden auf der Website des Museums passende Hörgeschichten angeboten (museumwaldundumwelt.de/umweltstation/freigelaende.html).

Wer hat Lust auf Barfußweg, Baumtelefon, Tierweitsprung und Hindernisparcours? Der ist beim **Hohenbrunner Rundwanderweg** genau richtig. Wer die kürzere Variante wählt, ist 4,5 Kilometer unterwegs, die längere Variante beträgt 8,5 Kilometer. Offizieller Startpunkt ist in der Flößergasse, Ecke Harthauser Straße in Hohenbrunn.

Eine Floßfahrt erwartet uns im Walderlebniszentrum Ziegelwies.

Bergluftschnuppern kann man auf dem drei Kilometer langen **Walderlebnispfad** zu den Kuhfluchtwasserfällen bei **Farchant**. Während der Walderlebnispfad mit Kindern ab dem Kindergartenalter und mit Kinderwagen gut begehbar ist, sollten beim weiteren Aufstieg zu den Kuhfluchtwasserfällen Kinderwagen stehen gelassen und Kinder an die Hand genommen werden. Die Wasserfälle erstrecken sich über insgesamt drei Stufen. Geparkt werden kann beim Warmfreibad Farchant, wobei die Parkplatzsituation aufgrund der Beliebtheit des Weges gerade an Wochenenden angespannt sein kann. Von dort aus ist es eine Stunde Fußweg bis zum untersten Wasserfall.

Im schönen Chiemgau gelegen ist der gut ausgeschilderte **Bergwald-Erlebnispfad** mit elf interaktiven Erlebnisstationen. Dieser beginnt am Forsthaus Adlgaß und führt bis zum malerischen Frillensee. Der Weg hin und zurück ist insgesamt sechs Kilometer lang.

Mit einem tollen Rundblick wird belohnt, wer den Schatzberg bei Dießen am Ammersee erklimmt (ca. 75 Höhenmeter). Der Schatzberg ist eine von 15 Stationen des 2,8 Kilometer langen **Burgwald-Lehrpfades**. Ausgangs- und Endpunkt des 2,6 Kilometer langen Rundweges sowie ein kleiner Parkplatz befinden sich in der Nähe der Burgwaldstraße 50, Dießen. Empfehlenswert ist ein Abstecher zur nahen Schatzbergalm, wo ein Spielplatz und ein Biergarten zum Verweilen einladen.

Wer die etwas weitere Anfahrt von München nach Füssen nicht scheut, dem sei das **Walderlebniszentrum Ziegelwies**

empfohlen. Zwei verschiede Walderlebnispfade – der 1,5 Kilometer lange Auwaldpfad und der Bergwaldpfad über 1,7 Kilometer, jeweils mit fantasievollen Spielgeräten – sowie ein 480 Meter langer und 21 Meter hoher Baumkronenweg erwarten dort die Besucher.

... zu Märchen Bei Grainau kann man auf einem etwa drei Kilometer langen Erlebnispfad durch den »**Sagenhaften Bergwald**« wandern und dabei mehr über die Sagenwelt des Höllentals erfahren. Ausgangspunkt für diesen Rundweg ist der Wanderparkplatz Hammersbach (Höllentalstraße 18, 82491 Grainau). Ein Begleitheft nebst Karte ist hier abrufbar: grainau.de/sagenhafter-bergwald-mit-kindern.

Zwischen Kranzberg und Freising liegt der Weltwald.

In welchem Märchen fiel eine Goldkugel in den Brunnen? Das ist nur eine von vielen Quizfragen, die es auf dem zwei Kilometer langen **Märchenrundweg** bei Bischofswiesen richtig zu beantworten gilt. Der Weg ist gesäumt von geschnitzten Märchenfiguren und Informationstafeln zu den jeweiligen Märchen. Wer die dazugehörigen Quizfragen richtig löst, wird in der Tourist-Info Bischofswiesen mit einem kleinen Geschenk belohnt. Start und Ende der Tour ist das Naturbad Aschauerweiher (Aschauerweiher Straße 85, 83483 Bischofswiesen). Wanderkarte und Quizfragen gibt es hier: bischofswiesen.de/sommerurlaub-berchtesgadenerland/familie-kinder-maerchenpfad.htm.

... zu Moor In Benediktbeuern gibt es nah beieinander einen Barfuß-, einen Klang- und einen Hochmoorpfad zu erkunden. Ausgangs- und Endpunkt ist das Kloster Benediktbeuern (Don-Bosco- Straße 8, 83671 Benediktbeuern), das allein schon einen Besuch wert ist. Zu den Pfaden gelangt man jeweils über den Moosmühlweg. Während der Barfuß- und der Klangpfad von diesem direkt abgehen, muss man zum Hochmoorpfad nach etwa 2,6 Kilometern vom Moosmühlweg in Höhe der Vogelbeobachtungsstation rechts abbiegen und dann gleich wieder links

(siehe Karte). Mehr über diese und weitere Lehrpfade in Benediktbeuern findet man unter zuk-bb.de.

Barfuß wandern ist nicht nur für Kinderfüße gesund.

Das Moor erkunden auf sicheren Bohlenpfaden kann man auch in den **Sterntaler Filzen**. Der Parkplatz (47°46‘33.3“N 12°02‘27.6“E) befindet sich etwa 600 Meter vom Ausgangspunkt entfernt, die Bohlenwege ziehen sich fingerförmig über etwa einen Kilometer in das Moor hinein. Highlight ist die Vogelbeobachtungsstation mit Ausblick auf die Moorlandschaft.

... barfuß Barfußlaufen soll gesund sein und das insbesondere für Kinder, um ihre Fußmuskulatur zu stärken. Also dann, Schuhe aus! Unbeschwert barfuß laufen kann man auf dem **Barfußpfad Penzberg**. Die Schuhe bleiben am besten im Auto, das man am Café Extra, Vordermeir 2, 82377 Penzberg, abstellt. Von dort zieht sich gut erkennbar der gemähte Pfad über die angrenzende Wiese und setzt sich dann ausgeschildert am Feldrand und durch einen kleinen Wald fort. Den größten Spaß haben die Kinder an einer Wegstelle, wo sie knöcheltief im Schlamm versinken können. Zum Glück gibt es vor dem Café Extra eine Wasserstelle, an der die Füße wieder sauber gemacht werden können (Tipp: Handtücher mitnehmen!). Die Strecke beträgt zwar hin und zurück nur 1,8 Kilometer, durch das ungewohnte Laufen ohne Schuhe benötigt man aber mehr Zeit als gewöhnlich.

31 Technik, Industrie und Skurriles

Spuren der Vergangenheit aufstöbern

Ausgangs-/Endpunkt
Aubinger Lohe

Anfahrt
Auf der A 99 bis Ausfahrt 8-Kreuz München-West, dann der Straße Am Langwieder Bach bis Aubinger Lohe folgen

Wer seinen Blick öffnet für versteckte Zeitzeugen, sieht seine Heimatstadt mit anderen Augen. Die Vergangenheit zu kennen, hilft die Gegenwart zu verstehen.

Die **Aubinger Lohe** ist ein bekanntes Naherholungsgebiet im Münchner Westen. Der nördliche Zugang ist gut erreichbar über die S-Bahn-Station Lochhausen oder mit dem Auto über die A 99 (Parkplatz in der Nähe der Ziegeleistraße, Zufahrt vor dem Kinderhaus Lochhausen). Den Besucher erwarten zunächst ein Spielplatz und ein Trimm-Dich-Parcours. Spazierwege führen weiter um die beiden kleinen Ziegelweiher mit Fischen darin und um den beliebten Rodelhügel herum. Wer mag, erklimmt im Nordosten den sogenannten Teufelsberg, auf dem ein Lehmhügel und ein erkennbarer Graben letztes Zeugnis einer früheren kleinen Burganlage ablegen. Eine Einkehrmöglichkeit gibt es in der Waldwirtschaft Bienenheim im Nordwesten der Aubinger Lohe. Von dort ist es nicht mehr weit bis zu dem Parkplatz an der Ziegeleistraße und damit schließt sich die etwa drei Kilometer lange Runde. Der Spaziergang ist beliebig erweiterbar: Dehnt man seine Tour bis zum südlichen Ende der Aubinger Lohe aus (begrenzt durch die Eichenauer Straße), ist man etwa fünf Kilometer gelaufen. Wer noch weiter ausholen möchte, kann in der Nähe des Parkplatzes Moosschweige (an der Eichenauer Straße) die nach Fürstenfeldbruck führende Bahnlinie queren und gelangt so in das Waldgebiet rund um die Moosschwaige, einen denkmalgeschützten Gutshof.

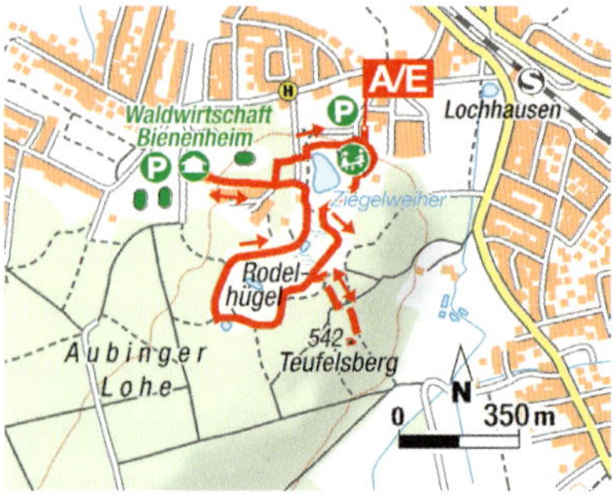

Als Besucher nimmt man die Aubinger Lohe mit ihren weiten Wiesenflächen, alten Bäume und pittoresken Weihern vorrangig als Naturerlebnis war und nicht als Zeugnis einer stillgelegten Industrie. Aber wer genau hinschaut, dem fallen auf dem Weg vom Parkplatz an der Ziegeleistraße zum Spielplatz in den Boden gelassene Schienen auf. Diese verbanden früher eine Ziegelei mit den Tongruben, aus denen die jetzigen Ziegelweiher

In der Aubinger Lohe

entstanden. Der Parkplatz selbst ist die ehemalige Bodenfläche der Betriebsgebäude; an der Einfahrt von der Ziegeleistraße zum Parkplatz ist noch das Pförtnerhäuschen aus rotem Backstein zu sehen und das Kinderhaus Lochhausen ist im ehemaligen Verwaltungsgebäude untergebracht. Diese Ziegelei, die Ende der 60er-Jahre ihren Betrieb einstellte, war das letzte von insgesamt drei Ziegelwerken in Lochhausen, die die hier vorhandene Lehmschicht abbauten.

Noch mehr … versteckte Vergangenheit Ebenso wie die Ziegelwerke hatte das im **Truderinger Wald** gelegene Kieswerk Fritz Roth seine Blütezeit während des Wiederaufbaus nach dem Zweiten Weltkrieg. Heute sind nur noch Maschinenrelikte zur Kiesaufbereitung vorhanden – u.a. eine beeindruckend massive Nassrohrmühle. Diese diente zum Zerkleinern von Gestein und steht an der Stelle des früheren Quetschwerkes. Nachdem das Werk in den 80er-Jahren den Betrieb einstellte, haben sich aus den Kiesgruben Biotope entwickelt, die zum Spazierengehen einladen. »Betreten Verboten«-Schilder sollten allerdings respektiert werden. Das verzweigte Wegenetz im Truderinger Wald

Die versunkene Kirche am Fröttmaninger Berg

lädt ein, die eigene Lieblingsstrecke zu entdecken. Eine mögliche, etwa drei Kilometer lange Runde führt von der Zufahrt des ehemaligen Werkes (Putzbrunnerstraße 195) bis zum Rothsee und über die Josefskapelle zurück, die in ihrem kreisrunden Inneren eine Josefsfigur beherbergt. Vom Rothsee ist es nur ein kurzer Abstecher zum sogenannten Schwedenstein, eine Steinsäule mit ungeklärter historischer Bedeutung.

Einmal auf einem endlosen Bahndamm entlangspazieren, ohne Angst vor entgegenkommende Züge haben zu müssen? Wer den Stadtplan genau betrachtet, wird im Nordosten Münchens eine schnurgerade Linie durch das **Johanneskirchner Moos** erkennen. Im Norden mündet die Linie ein in die Bahngleise, die um das Heizkraftwerk Nord herumführen, im Osten in die Bahngleise nahe dem Umschlagbahnhof Riem. Das ist die sogenannte Feldkirchner Tangente, eine nur zwischen 1941 und 1945 betriebene und 7,7 Kilometer lange Güterbahnstrecke, die während des Zweiten

Weltkriegs eine wichtige Verkehrsbedeutung hatte. Heute sind nur noch der Bahndamm und kleinere Überführungen erhalten. Ein geruhsamer Feldspaziergang (ca. 4 km) führt vom Lebermoosweg, wo man parken kann, ein Stück über den Bahndamm, dann am Hüllgraben entlang zum Auffangbecken und über den Weg Im Moosgrund zurück zum Ausgangspunkt. Am Hüllgraben und am Auffangbecken sind einige Infotafeln des Landesbundes für Vogelschutz zu finden, denn hier tummeln sich verschiedene Wasservögel.

Einen wunderbaren Blick über München, ein modernes Windrad aus nächster Nähe und das gemischte Gefühl, auf einem Müllberg zu stehen, dem ein ganzes Dorf Platz machen musste – all das erlebt man bei einem Spaziergang auf den 75 Meter hohen **Fröttmaninger Berg**. Das Auto kann auf einem Sträßchen parallel zur Freisinger Landstraße geparkt werden. Von dort ziehen sich geteerte Wege hoch auf die Hügelkuppe. Man wähnte sich in einer Parkanlage, wenn nicht immer wieder am Wegesrand Hinweise wie »Vorsicht, Deponiegas« stünden. Hier lagert städtischer Müll der 50er- und 60er-Jahre. Von der einstigen Siedlung Fröttmaning, die durch die Mülldeponie nach und nach verdrängt wurde, existiert nur noch die Kirche Heilig Kreuz, übrigens die älteste erhaltene Kirche im Raum München. Wenige Meter davon entfernt steht ein exaktes Double dieser Kirche – eine Kunstinstallation und Symbol für das »versunkene Dorf« – halb vergraben in der Erde. Einen Spielplatz gibt es an der südlichen Seite des Fröttmaninger Berges.

Ein Waldspaziergang, bei dem man sich (fast) nicht verlaufen kann? Schnurgerade Wege durchziehen den Perlacher Forst, ein beliebtes Waldgebiet im Süden Münchens. Wer den Parkplatz an der A 95 (Ausfahrt Taufkirchen West) wählt, kann einen etwa sechs Kilometer langen Rundweg über den **Perlacher Mugl,** einen kleinen Aussichtshügel, absolvieren. Verschüttet im Mugl befindet sich ein Bunker aus dem Zweiten Weltkrieg, der nicht abgerissen werden konnte. Vor dem Krieg befanden sich an dieser Stelle eine Hirschbrunftwiese und das Haus des Wildwärters.

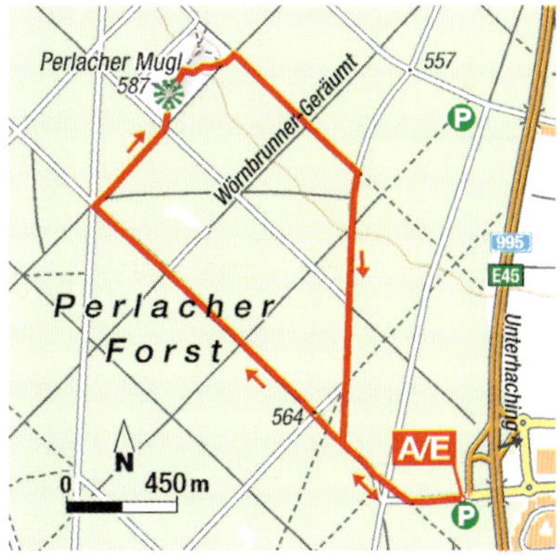

32 Einmal um den See

Feringasee, Unterföhringer See, Hollerner See und mehr

Ausgangs-/Endpunkt
Unterföhringer See

Anfahrt
Mit der S8 bis Unterföhring, weiter mit Bus 232 bis Unterföhring, Fichtenstraße, dann circa einen Kilometer zu Fuß bis zum See gehen

Öffnungszeiten
Gaststätte von April bis Ende Oktober geöffnet

Preise
Parkplatz mit 400 Stellplätzen von 1. Mai bis 30. September Parkgebühr 2 € je Auto

Information
Am Poschinger Weiher, 85774 Unterföhring, landkreis-muenchen.de/themen/freizeit-kultur-sport/badeseen-und-badegewaesser/unterfoehringer-see/

Die Kinder sind noch klein oder das Wetter ist schlecht oder im prall vollgefüllten Wochenende findet sich nur ein kleines Zeitfenster – es gibt viele Gründe dafür, warum es nicht immer ein Tagesausflug sein muss. Ein schönes Ziel für einen Spaziergang ist ein See, den man ufernah umrunden kann. Davon gibt es in und um München zum Glück recht viele.

Wer zum kurzen Spaziergang gern auch eine kurze Anfahrt haben möchte, ist mit einem der Münchner Badeseen gut beraten. Im Nordwesten Münchens liegen drei Seen direkt beisammen: **Langwieder See, Lußsee** und **Birkensee**. Wählt man seine Runde entsprechend geschickt, schafft man es, bei einem Spaziergang gleich an allen dreien vorbeizukommen.
Eine Runde um den im Nordosten gelegenen **Feringasee** ist rund drei Kilometer lang. Am Ufer des Feringasees findet man große Liegewiesen, Beachvolleyballplätze und Tischtennisplatten. Bis auf einige wenige Trimm-Dich-Geräte gibt es aber keinen wirklichen Spielplatz. Den Spaziergang kann man im Bier-

Eine der wärmsten Badewannen Münchens: der Deininger Weiher.

Der Hollerner See mit seinem Erholungsgebiet

garten ausklingen lassen. Wegen seiner Lage zwischen Isar und Isar-Kanal ist der **Unterföhringer See** (auch Poschinger Weiher genannt) ein beliebtes Ausflugsziel. Einer der jüngsten Badeseen – der Badebetrieb ist erst seit 2020 möglich – ist der **Hollerner See** in der Gemeinde Eching. Da die jungen Bäume am Wegesrand noch nicht sehr hoch sind, sollte man die Seeumrundung nicht gerade bei heißem Sommerwetter planen.
Diesen Spazierweg muss man sich mit vielen anderen teilen: Der **Kleinhesseloher See** im Englischen Garten lädt geradezu zum Flanieren ein. Im Sommer locken zudem Biergarten, Tretbootverleih und ein kleiner Spielplatz.
Im Süden Münchens liegt der idyllische **Deininger Weiher**. Der drei Kilometer lange Rundweg führt durch Wald und Moor.

Selbst geerntet schmeckt
Obst dreimal so gut.

Forschen & Entdecken

33 Programmieren und Computer

Fit für die Zukunft

Ausgangs-/Endpunkt
Haba Digitalwerkstatt München

Anfahrt
Auto: Über Theresienstraße und Dachauer Straße
Bahn: Vom Karlsplatz die Tram 21 in Richtung Westfriedhof bis zum Leonrodplatz nehmen und von dort 500 m zu Fuß bis zum Ziel gehen.

Information
Haba Digitalwerkstatt München, Freddie-Mercury-Straße 5, 80797 München, Tel. 0151/23200559, digitalwerkstatt.de/muenchen

Sind Sie der Meinung, dass Kinder nicht nur lesen, schreiben und rechnen lernen sollten, sondern auch programmieren? In München gibt es etliche Angebote, um genau das zu lernen.

Dafür, dass Kinder programmieren lernen sollen, werden vielfältige Gründe angeführt. Manche sehen einen Nutzen darin zu lernen, wie komplexe Probleme analysiert werden können. Andere erhoffen sich für die Kinder gute Chancen in der Berufswelt der Zukunft. Zum regulären Schulstoff gehört das Programmieren leider nicht. Dafür haben sich auf dem Markt entsprechende Programmierschulen etabliert, auch gibt es intelligentes Spielzeug, wie die knuffigen Lernroboter Dash & Dot (makewonder.com). In der **Haba Digitalwerkstatt** lernen die Kinder zwischen 6 und 12 Jahren Spiele zu programmieren, eine Welt in Minecraft zu erstellen oder ein eigenes digitales Buch zu gestalten. Es gibt laufend Kurse und einmalige Workshops, vor Ort und online. Auch Kindergeburtstage können hier gefeiert werden.

Noch mehr … programmieren

Es gibt in München noch eine ganze Reihe weiterer Programmierschulen: die **Berlitz Digital School** (berlitz.com), die **Code Academy** (codeacademy.de), **KIBERone** (kiber-one.de), **Start-2Code** (start2code.de), **Cook and Code** (cookandcode.org). Bei **Fablab Kids** können die Kinder neben Programmierkursen auch 3-D-Druck-, Elektronik- und Laserkurse besuchen.

Der Umgang mit Tablet und Computer ist für viele Kinder eine Selbstverständlichkeit.

Wer leicht und locker seinen Computer bedienen möchte, sollte auch an die Basics denken: Einen Kurs zum Lernen des 10-Fin-

Auch Programmieren will gelernt sein.

ger-Schreibens kann man bei der **Jungen Volkshochschule** besuchen.

Ein offenes Wort: Programmierkurse können ganz schön ins Geld gehen. Wer aber geduldig im Internet sucht, findet immer mal wieder auch Gratisangebote, z. B. gibt es ab und an bei der Haba Digitalwerkstatt kostenlose Workshops. Im Internet finden sich zum Programmierenlernen für Kinder Anleitungen zur freien Verfügung, z. B. unter app.code-it-studio.de, code.org, CodeAcademy oder Khan Academy. Ein beliebtes Tool zum Programmierenlernen ist Scratch.

Selber-Mach-Tipp

Größere Kinder finden möglicherweise Gefallen daran, ihren Computer aus Bauteilen selbst zusammenzubauen. Wenn Sie selbst davon keine Ahnung haben: Bauanleitungen gibt es im Internet zuhauf, die Bauteile bekommt man im Internet oder in spezialisierten Computerläden. Nur Mut, so schwer ist das gar nicht.

34 Autos und Verkehr

BMW Welt, Verkehrsmuseum München und Autos zum Selberfahren

Ausgangs-/Endpunkt
BMW Welt am Olympiapark

Anfahrt
Auto: In den Münchner Norden zum Olympiapark, dort auf den kostenpflichtigen Parkplatz
Bahn: Mit der U3 Richtung Olympia-Einkaufszentrum bis zur Haltestelle Olympiazentrum

Öffnungszeiten
BMW Welt: täglich 7.30–24 Uhr, So erst ab 9 Uhr; BMW Museum: täglich 10–18 Uhr, Mo Ruhetag

Preise
BWM Welt: kostenlos; BMW Museum: Kinder unter 18 Jahren 7 €, Erwachsene 10 €

Information
BMW Welt, Am Olympiapark 1, 80809 München, Tel. 089/125016001, bmw-welt.com

Keine Ahnung, wohin mit dem Nachwuchs an einem verregneten Sonntag? In der BMW Welt kommen alle Autobegeisterten auf ihre Kosten. Allein das Ansehen der Autos ist toll, noch mehr Freude machen die zahlreichen Familienveranstaltungen und Ferienprogramme.

In der **BMW Welt**, zu der der Eintritt kostenlos ist, werden Autos und Motorräder ausgestellt und ausgeliefert. Zugleich finden in der BMW Welt aber regelmäßig Veranstaltungen insbesondere auch für Familien und Kinder statt. In der BMW Welt werden Kindern ab fünf Jahren diverse altersgerechte Angebote zum Thema Mobilität gemacht, insbesondere auch Kindergeburtstage veranstaltet. Im benachbartem BMW Museum wird die Geschichte des Unternehmens anhand von über 100 Autos und Motorrädern präsentiert. Über eine Fußgängerbrücke ist die BMW Welt mit dem Olympiapark verbunden. Es bietet sich also an, nach dem Besuch in der BMW Welt noch einen Spaziergang um den Olympiasee zu machen oder weitere Highlights im Olympiapark, etwa das Sea Life (Tour 26) oder den Olympiaturm zu erkunden.

In der BMW Welt ist bereits die Architektur zum Staunen.

Noch mehr … Autos und Verkehr Autos, Züge und andere Fortbewegungsmittel wie Kutschen und Hochräder können im **Verkehrsmuseum München** bewundert werden. In Halle III gibt es eine Modellbahnanlage und einen Kinderbereich mit Rutsche. Eine Einkehrmöglichkeit findet man im benachbarten Wirtshaus am Bavariapark.
Einmal selbst am Steuer eines Autos sitzen, das dürfen Kinder ab sechs Jahren auf dem Verkehrsübungsplatz **Kiddi-Car** in Fürstenfeldbruck. Kiddi-Car ist ein fest mit Straßen und Verkehrszeichen angelegter Platz an der Theodor-Heuss-Straße. Die Kinder können in benzinbetriebenen kleinen Quads mit einer Geschwindigkeit von etwa 5 km/h den Parcours entlangfahren und müssen dabei auf Ampeln, Fußgängerüberwege und Vorfahrtsregeln achten. Helme sind Pflicht. Der Verkehrsübungsplatz ist für Kindergeburtstage beliebt. Für Kinder ab acht Jahren ist GoKartfahren in der **GoKartArena Neufinsing** möglich.

Nur einen Teil der BMW Welt kann man als Familie gemeinsam besuchen, das Kinderprogramm im Junior Campus absolvieren die Kids ganz alleine.

35 Flugzeuge

Flughafen München, Flugwerft Schleißheim

Ausgangs-/Endpunkt
Besucherpark am Flughafen München

Anfahrt
Auto: Auf der A 92 bis zur Ausfahrt Flughafen München, dann der Beschilderung zum Besucherpark folgen.
Bahn: Mit der S1 oder S8 Richtung Flughafen bis zur Haltestelle Besucherpark, dann ca. 10 Min. zu Fuß der Beschilderung folgen

Öffnungszeiten
Besucherpark und Besucherhügel ganzjährig und täglich durchgehend geöffnet

Preise
Besucherpark: kostenlos; Besucherhügel: 1 €

Information
Flughafen München GmbH, Besucherservice, Nordallee 7, 85356 München, Tel. 089/975-41333, munich-airport.de

Wer sagt, dass der Flughafen nur ein Ziel für Geschäfts- oder Urlaubsreisende ist? Mit technikbegeisterten Kindern kann man dort wunderbar einen ganzen Tag verbringen und ein wenig dem eigenen Fernweh nachhängen.

Ein guter Ausgangspunkt für eine Flughafenbesichtigung ist der Besucherpark. Kinder werden sich als Erstes auf den großen »Weltenspielplatz« mit Towerrutsche und Kletterparcours stürzen. Der Spielplatz grenzt an eine Minigolfanlage mit 18 Löchern, die Ausrüstung kann im Restaurant ausgeliehen werden. Nicht zu übersehen sind die drei historischen Flugzeuge, von denen zwei betreten werden können (gegen Münzeinwurf). Hauptattraktion im Besucherpark ist sicher der 28 Meter hohe Besucherhügel (Zutritt gegen Münzeinwurf). Wer die 172 Stufen erklimmt (nicht für Kinderwagen geeignet), kann im Minutentakt Flugzeugen beim Starten und Landen zusehen. Aufkommender Hunger kann in Tante Ju's Speisenwerkstatt gestillt werden, wo eine kindgerechte Karte zu finden ist. Im Besucherzentrum des Besucherparks sind die Tickets für eine Flughafenrundfahrt zu erwerben.
Eine Alternative zum Besucherhügel ist die Besucherterrasse des Flughafengebäudes (Zugang von Ebene 05, Terminal 2) mit Blick auf das Vorfeld, die Start- und Landebahn und das neue Satellitenterminal.

Noch mehr … Flugzeuge

Etwa 70 Flugzeuge und Hubschrauber können in der **Flugwerft Schleißheim** besichtigt werden. Die Kinder dürfen sogar in die Cockpits hineinklet-

Die Lande- und Startbahn des Flughafens lässt sich vom Besucherhügel aus beobachten.

tern und alles ausprobieren. Mit etwas Glück kann man beobachten, wie vor dem Museum ein Zeppelin abhebt. In Kinderführungen für Kinder ab acht Jahren, die auch anlässlich eines Kindergeburtstags gebucht werden können, erfahren sie alles über das Fliegen. In Workshops können Kinder ab neun Jahren Flugzeugmodelle bauen.

Dort stehen auch historische Flugzeuge zur Besichtigung.

Flugsimulatoren können auch den Laien das Gefühl erleben lassen, in einem Cockpit zu sitzen und ein Flugzeug zu steuern. Eine Übersicht über die Angebote im Raum München gibt es hier: flugsimulator-vergleich.de/muenchen. Einen **Fallschirmsprung** simulieren können auch schon Kinder in den Windtunneln der Jochen Schweizer Arena oder bei FlyStation in Neufahrn.

36 Züge

Bahnpark Augsburg und mehr

Ausgangs-/Endpunkt
Bahnpark Augsburg

Anfahrt
Auf der A 8 bis Ausfahrt Augsburg West und weiter auf der B 17 Richtung Landsberg/Füssen bis Ausfahrt Kongresshalle, an der Ampel links, dann rechts in die Unterfeldstraße, durch die Bahnunterführung hindurch und weiter in die Firnhaberstraße

Öffnungszeiten
Mai bis Oktober So + Feiertag 10–16 Uhr

Preise
Kinder unter 15 Jahre frei, Erwachsene 9 €, Aufpreis an Dampftagen 2,50 €

Information
Bahnpark Augsburg GmbH, Firnhaberstraße 22c, 86159 Augsburg, Tel. 0821/450447-100, bahnpark-augsburg.de/

Lokführer zu sein ist einer der klassischen Berufswünsche kleiner Jungs. Wer einmal eine echte Dampflok sehen will, sollte in den Bahnpark Augsburg fahren oder gleich eine Fahrt mit der Dampfeisenbahn unternehmen. Miniaturzüge gibt es im Miniland München.

Der Zugang zum **Bahnpark Augsburg** erfolgt über die große Dampflokhalle, in der drei historische Dampflokomotiven sowie eine Modelleisenbahn zu sehen sind. Rechts hinausgehend gelangt man zum denkmalgeschützten Rundhaus und zur Drehscheibe, wo weitere Züge aus ganz Europa bewundert werden können. Einige Züge im Bahnpark, wie beispielsweise der legendäre TransEurop-Express oder das Bahnpostamt, sind zugänglich. Ein Besuch im Bahnpark lohnt sich besonders an Museumstagen, die an ausgewählten Sonntagen von Mai bis Oktober stattfinden. Dann können Kinder mit der Minieisenbahn eine Fahrt durch das Museumsgelände unternehmen.

Noch mehr … Züge Die Ammersee Dampfbahn fährt an ausgewählten Tagen im Juli und August ab Utting am Ammersee

Fahrt mit der Minieisenbahn durch den Bahnpark in Augsburg

Einmal einen richtigen Schaffner spielen macht viel Spaß.

direkt zum Bahnpark. Sonderfahrten auf verschiedenen Strecken rund um oder ab München werden vom Bayerischen Localbahn Verein e.V. angeboten.

Einen spektakulären Blick auf den **Rangierbahnhof Nord** kann man bei einem Spaziergang durch die Allacher Lohe erhaschen: Gegenüber des Landschaftssees, der sich im äußersten südöstlichen Zipfel der Allacher Lohe befindet, führt eine Brücke über die Gleise. Das ist ein guter Aussichtspunkt auf das Geschehen am Rangierbahnhof. Die Allacher Lohe ist ein Waldgebiet im Norden von München, eingeschlossen von den Anlagen des Rangierbahnhofs, der Dachauer Straße und der A 99. In dem weit verzweigten Wegenetz der Allacher Lohe kann die Streckenlänge sehr gut den eigenen Bedürfnissen angepasst werden.

Wer sich Züge lieber im Kleinformat ansehen mag, findet im **Deutschen Museum München** und im **Miniland** sehenswerte Modellbahnanlagen. Im Miniland bewegen sich die Modelleisenbahnen durch eine beeindruckende Landschaft mit Bergen, Tunnels und Bauwerken. Es ist leider vor einiger Zeit von München nach Straubing in das **Blue Brix** umgezogen. Neben dem Miniland gibt es im Blue Brix noch einen Kinderspielbereich mit einer Brioeisenbahn, ein 5-D-Kino, in dem actionreiche Ride-Filme gezeigt werden, eine virtuelle Achterbahn sowie ein Laser-Labyrinth.

37 Fußball

Allianz Arena und mehr

Ausgangs-/Endpunkt
Allianz Arena, München-Fröttmaning

Anfahrt
Auto: Auf der A 9 München–Nürnberg bis zur Anschlussstelle München-Fröttmaning-Süd oder über die Ingolstädter Straße zur Anschlussstelle München-Neuherberg der Anschlussstelle München-Fröttmaning-Nord.
Bahn: Mit der U6 Richtung Garching bis zur Haltestelle Fröttmaning. Dann gut 1 Kilometer zu Fuß bis zur Arena laufen.

Öffnungszeiten
Täglich 10–18 Uhr, an Spieltagen abweichende Öffnungszeiten, 1. Juli bis 20. August 9–18 Uhr

Preise
FC Bayern Museum: Kinder ab 6 Jahren 6 €, Erwachsene (ab 14 Jahren) 12 €

Information
Allianz Arena, Werner-Heisenberg-Allee 25, 80939 München, Tel. 089/69931222, allianz-arena.com/de

Für kleine Fußballfans gehört der Besuch der Allianz Arena schon fast zum Pflichtprogramm. Die Allianz Arena ist die Heimat des FC Bayern München und beeindruckt schon von außen durch ihre Größe und die beleuchtbare Außenfassade.

Hinter die Kulissen der **Allianz Arena** sehen können Kinder bei der Kidstour (nur für Gruppen). Dabei darf auch die eigene Fußballfähigkeit beim Torwandschießen unter Beweis gestellt werden. Nach der Tour kann im Arena-Bistro gespeist werden. In der FC Bayern Erlebniswelt werden die Geschichte des Vereins, seine Triumphe und seine Spieler dargestellt.

Noch mehr … Fußball Möglichkeiten, Fußball zu spielen, gibt es für Kinder in München zuhauf. Diverse Vereine sowie kommerzielle (Fuß-)Ballschulen bieten eine breite Palette von Fußballferiencamps (z.B. Fußballcamp des FC Bayern München: fcbayern.com/kidsclub/de/events/fussballcamp) über Fußballgeburtstage bis hin zu regelmäßigem Training an.

Über diese Treppe gehen auch alle Spieler auf den Fußball-Rasen der Allianz Arena.

Rechte Seite: Beeindruckend ist die Hülle der Arena, die in der Nacht bei einem Heimspiel des FC Bayern rot leuchtet.

Business Club
Sponsoren Lounges
Logen | Eventboxen

38 Film & Funk

Bavaria Filmstudios, Bayerischer Rundfunk und mehr

Ausgangs-/Endpunkt
Bavaria Filmstudios, Grünwald

Anfahrt
Mit der Straßenbahnlinie 25 bis Wettersteinplatz fahren, dann umsteigen in den Bus 25 Richtung Grünwald, Derbolfinger Platz, bei Grünwald, Bavariafilmplatz aussteigen und 300 m zu Fuß bis zum Ziel laufen.

Öffnungszeiten
Täglich 10–17 Uhr, April bis Anfang November 9–18 Uhr

Preise
Kombiangebot Kinder 20 €, Erwachsene 22 €, freier Eintritt für Geburtstagskinder

Einkehr
McDonald's auf dem Gelände

Information
Bavaria Filmstadt, Bavariafilmplatz 7, 82031 Geiselgasteig bei München,
Tel. 089/64992000,
filmstadt.de

Einmal selbst Star in einem Film sein? Durch ein U-Boot laufen? Auf einem Drachen fliegen? Das und vieles mehr kann man auf der Filmtour durch die Bavaria Filmstudios erleben.

Die **Bavaria Filmstudios** im Stadtteil Grünwald erreicht man mit dem Auto oder der Straßenbahnlinie 25. Von der Straßenbahnhaltestelle aus kann man die Filmstudios schon sehen, allerdings führt der Weg zum Besuchereingang noch ein paar Hundert Meter um das Filmgelände herum.
Bei den Filmstadtführungen erfährt man mehr zu den dort stattfindenden Dreharbeiten und besichtigt verschiedene Kulissen. Diese 90-minütige Tour ist für Kinder und Erwachsene gleichermaßen kurzweilig und unterhaltsam.

Noch mehr … Funk und Fernsehen Der **Bayerische Rundfunk** bietet Führungen u. a. durch das Funkhaus München und das

Immer wieder verändern sich die Besuchertouren, sodass es stets etwas Neues zu entdecken gibt.

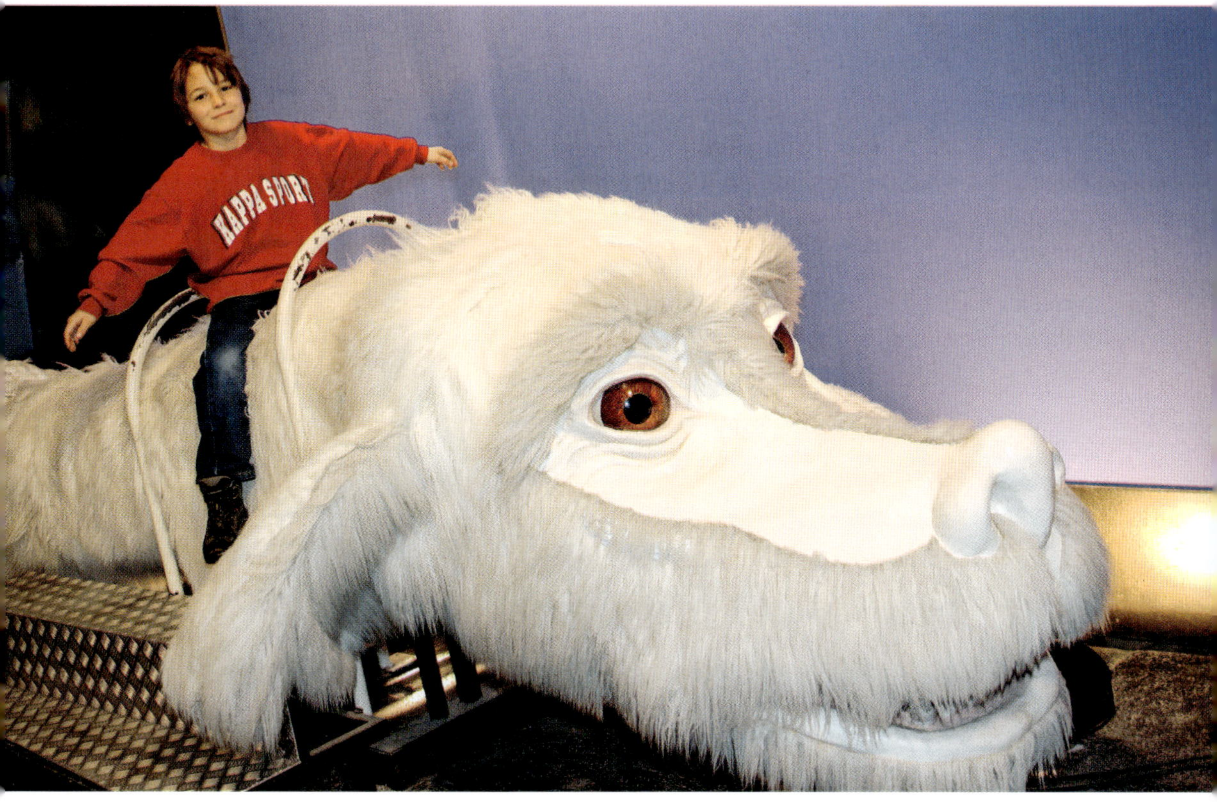

Studio München-Freimann an. Es finden zudem verschiedene Medienkompetenzprojekte statt, bei denen Schulklassen den Bayerischen Rundfunk hautnah erleben können.

Selbst einmal eine Radiosendung oder einen Podcast aufnehmen können Kinder im Radio-Labor in der **Feierwerk Funkstation**. Die Beiträge werden dann sogar von Radio Feierwerk (92,4 UKW) veröffentlicht.

Die **Münchner Filmwerkstatt** bietet immer mal wieder Filmdreh-Ferienkurse für Kinder zwischen 11 und 15 Jahren an. Geübt werden Drehvorbereitung, Rollenverteilung und Arbeitstechniken. Am Ende ist ein Kurzfilm entstanden.

Fit machen für einen Bühnenauftritt kann man sich mit Tanz-, Gesang- und Schauspielkursen von **Stagecoach München**, in Kindertheaterkursen des **Theaterspielhauses München** oder der **Sarré Musikakademie**. Auch das beliebte **Lilalu-Ferienprogramm** der Münchner Johanniter hat neben verschiedenen Akrobatik-, Kreativ- und Sportworkshops auch einen Theaterworkshop im Angebot.

Der Drache Fuchur ist ein Klassiker aus dem Film »Die unendliche Geschichte« nach dem Buch von Michael Ende.

39 Energie

Walchenseekraftwerk, Sylvensteinspeicher und mehr

Ausgangs-/Endpunkt
Parkplatz direkt am Walchenseekraftwerk

Anfahrt
Auf der A 95 München–Garmisch-Partenkirchen bis zur Ausfahrt Murnau/Kochel, dann über Kochel am See weiter zum Walchensee

Alter
Keine Altersbeschränkung, aber vermutlich werden erst Kinder ab dem Kindergartenalter etwas von dem Besuch haben

Öffnungszeiten
Anfang April bis Anfang November Informationszentrum Di–So 10–17 Uhr

Einkehr
Bistro und Biergarten »Oskar von Miller«, Tel. 08851/9403135

Information
E.ON Wasserkraft GmbH, Altjoch 21, 82431 Kochel, Tel. 08851/77225, uniper.energy/de/deutschland/kraftwerke-deutschland/kraftwerksgruppe-isar/walchenseekraftwerk

Donnernde Turbinen und gewaltige Wasserrohre – der Besuch des Walchenseekraftwerkes hilft anschaulich und aus der Nähe zu verstehen, wie aus Wasserkraft Energie gewonnen wird. Ein lohnenswertes Ziel für technikbegeisterte Kinder.

Das **Walchenseekraftwerk** schafft eine Rohrverbindung zwischen dem Kochelsee und dem 200 Meter höher gelegenen Walchensee. Die sechs langen Rohre, durch die das Walchenseewasser in den Kochelsee fließt, sind schon von Weitem zu sehen. Die gewaltigen Turbinen, die durch das herabfließende Wasser angetrieben werden, befinden sich im Kraftwerksgebäude, in das Besucher von oben hineinschauen können. Der Anblick und der dort herrschende Lärm sind beeindruckend. Im zugehörigen modernen Informationszentrum sind anschauliche Erläuterungen und Modelle zur Technik der Energieerzeugung und zur Geschichte des Kraftwerks zu sehen. Im angeschlossenen Bistro kann man sich bei Kaffee und Kuchen oder Snacks stärken.
Der Ausflug zum Walchenseekraftwerk lässt sich gut mit einem

Einmal im Jahr, am Tag des Denkmals, kann man hinauf zum Wasserschloss über dem Kraftwerk fahren.

Die Aussichtsplattform in der Maschinenhalle ist das ganze Jahr über zugänglich.

Besuch im **Franz-Marc-Museum** in Kochel am See, dem **Wikingerdorf Flake** am Walchensee (Tour 5) oder dem **Kloster Benediktbeuern** verbinden.

Noch mehr … Energie Entlang der Isar gibt es etliche Wasserkraftwerke, Speicherseen und Wasserwerke. Eine der bekanntesten Konstruktionen dürfte der **Sylvensteinspeicher** sein, der mit einer über 40 Meter hohen Staumauer beeindruckt. Im Stausee darf gebadet werden.
Wer mehr über Energieerzeugung lernen möchte, dem seien die Abteilungen Starkstromtechnik und Energietechnik im **Deutschen Museum München** empfohlen. Schulklassen können mit der Energie-Schule München von **Green City e.V.** Projekte zu Klima und Energiethemen umsetzen.

40 Bergwerke

Salzbergwerk Berchtesgaden, Alte Saline Bad Reichenhall

Ausgangs-/Endpunkt
Salzbergwerk Berchtesgaden

Anfahrt
Auf der A 8 München–Salzburg bis Ausfahrt Salzburg-Süd, dann weiter auf B 305 nach Berchtesgaden und dort der Beschilderung zum Salzbergwerk folgen

Alter
Die Tour ist laut Angaben des Betreibers für Kinder jeden Alters geeignet, allerdings können Kinderwagen nicht mitgenommen werden.

Öffnungszeiten
Täglich 11–15 Uhr, April bis Oktober 9–17 Uhr

Preise
Kinder 4–16 Jahre 11,50 €, Erwachsene 22,50 €

Information
Südwestdeutsche Salzwerke AG, Bergwerkstraße 83, 83471 Berchtesgaden, Tel. 08652/6002-0, salzbergwerk.de

Verschlungene Stollen, Enge und Dunkelheit, altertümliche Technik, seltsame Gesteinsformationen … die Besichtigung eines Bergwerkes ist ein kleines Abenteuer. Bei einem Besuch in einem Bergwerk taucht man tief ein in Technologie und Geologie.

Laserprojektionen, eine Holzrutsche und die Fahrt über den Salzsee – die Tour durch das älteste noch in Betrieb befindliche Bergwerk, das **Salzbergwerk Berchtesgaden**, ist für Kinder ein wahres Erlebnis. Glück auf! Bevor es losgeht, schlüpfen alle Besucher in einen Overall. Im Bergwerk herrscht eine Temperatur von konstant 12 Grad. Der Overall bietet zwar einen gewissen Schutz, aber die Kleidung und das Schuhwerk sollten dennoch angemessen gewählt werden. Die Tour startet mit der Fahrt auf einer kleinen Schienenbahn in den Berg hinein. In raschem Tempo fährt der Zug durch teils enge und dunkle Gänge, bis sich eine riesige Halle öffnet. Hier wartet schon das erste Highlight:

Auch in Peißenberg gibt es ein ehemaliges Bergwerk zu besichtigen.

Mit einer Laserprojektion an den Höhlenwänden wird dem Besucher sehr anschaulich vermittelt, wie der Salzabbau mittels Wasserspülungen funktioniert. Weiter geht es über eine 40 Meter lange Holzrutsche nach unten. Das ist für die Kinder natürlich ein Erlebnis. Den Besuchern wird anhand von Ausstellungsstücken Wissenswertes über das Bergwerk und die Abbautechnik vermittelt. Am Ende der Führung steht eine Bootsfahrt über den großen Salzsee an, begleitet von sanfter Musik und Laserprojektionen. Auf der Schienenbahn geht es schließlich wieder hinaus ans Tageslicht. Der Besuch im Salzbergwerk Berchtesgaden lässt sich gut mit einem Ausflug an den Königssee verbinden. Mit einem Motorboot kann bis zur Wallfahrtskirche St. Bartholomä gefahren werden, unterwegs gibt es Erläuterungen zum See und mittels Trompetenklängen vor den Bergwänden wird das Echo demonstriert.

Rasant geht es über die 40 Meter lange Rutsche hinunter ins Bergwerk.

Noch mehr … Salz und Bergwerke Nicht weit entfernt vom Salzbergwerk Berchtesgaden befindet sich die **Alte Saline Bad Reichenhall**. Hier können die historischen Anlagen und das Salzmuseum besichtigt werden. Zur Erinnerung an den Kohleabbau in **Penzberg** werden dort im **Bergbaumuseum** Fotos und alte Arbeitsgeräte ausgestellt. Das Museum befindet sich im Untergeschoss der Realschule. Das beliebte Bergwerk im **Deutschen Museum** ist derzeit wegen Sanierungsarbeiten geschlossen. Fotos und ein virtueller Rundgang zum Bergwerk sind auf der Website des Deutschen Museums eingestellt.

41 Weltall und Sterne

Bayerische Volkssternwarte und Sternwarte des Deutschen Museums, ESO Supernova

Ausgangs-/Endpunkt
Volkssternwarte München

Anfahrt
Mit der S-Bahn oder der U5 zum Ostbahnhof und von dort mit einem Bus der Linie 155, 55 oder 145 drei Stationen bis zur Haltestelle Anzinger Straße

Alter
Kinderführung für Kinder bis 12 Jahre, aber es werden vermutlich erst Kinder ab dem Kindergartenalter Spaß an der Führung haben

Öffnungszeiten
Die Sternwarte öffnet nur zu den Führungen; Kinderführungen Fr 17 Uhr, Abendführungen für Kinder ab 12 Jahren und Erwachsene Mo bis Fr 20 Uhr (April–August 21 Uhr); der Veranstalter empfiehlt, etwa 15 bis 30 Min. vor der Führung da zu sein, die Führung selbst dauert 1.30 bis 2 Std.

Preise
Kinder ab 4 Jahren 5 €, Erwachsene 8 €

Information
Bayerische Volkssternwarte München e.V., Rosenheimer Straße 145 h, 81671 München, Tel. 089/406239, sternwarte-muenchen.de

Wenn Ihre Kinder ein bestimmtes Alter erreicht haben, werden Sie nicht mehr umhinkommen, deren wissbegierige Fragen nach den Sternen, der Sonne und der Entstehung unserer Erde zu beantworten. Dann ist es Zeit für einen Besuch in einer Sternwarte oder einem Planetarium.

Die **Bayerische Volkssternwarte München** liegt etwas versteckt im Innenhof und ist durch die Toreinfahrt Rosenheimer Straße 145h zu erreichen. Ein kleines Plakat am Eingang des Gebäudes im Innenhof weist auf die Sternwarte hin, die sich dort oben im vierten Stock befindet. Der Besuch mit Kindern empfiehlt sich besonders im Rahmen einer Kinderführung, die immer freitags um 17 Uhr angeboten wird. Sie beginnt im Vortragssaal mit einer Filmvorführung zur Sonne und geht weiter durch den Ausstellungsraum, wo man ein echtes und überraschend schweres Meteoritenstück in die Hand nehmen kann. Anschließend gibt es im Planetarium eine schöne Vorführung zum Sternenhimmel über München und schließlich endet die Führung auf dem Dach des Museums, wo man einen Blick durch das riesige Teleskop werfen kann. Am Ende der Führung werden Ihre Kinder nicht nur wissen, warum wir den Mond mal voll und mal halb sehen, sondern auch, wievielmal die Sonne heißer als ein Backofen ist und warum Halvar, der Vater von Wicki, eine Augenklappe trägt. In der Volkssternwarte können auch Kindergeburtstage gefeiert werden.
Die **Sternwarte des Deutschen Museums** ist in den zwei markanten Kuppeln untergebracht, die schon von Weitem auf dem Museumsgebäude auffallen. Tagsüber können hier Sonne, Mond und Planeten beobachtet werden. Abendbeobachtungen werden zu bestimmten Terminen angeboten.

Noch mehr … Weltall und Sterne In einem Planetarium kann ein Sternenhimmel projiziert werden. So kann man den Blick

in den Himmel nachvollziehen, wie ihn Menschen zu anderen Zeiten oder an anderen Orten haben. Im **Planetarium des Deutschen Museums** (bis 2028 geschlossen) finden mehrmals täglich Vorstellungen statt. Die aktuellen Zeiten können jeden Morgen ab 9 Uhr auf der Website des Museums abgefragt werden. Das Museum empfiehlt den Besuch der Vorführungen erst mit Kindern ab sechs Jahren.

In Garching steht das hochmoderne **ESO Supernova Planetarium & Besucherzentrum**. Die sehr anschaulich gestaltete astronomische Ausstellung kann auf eigene Faust erkundet werden (Eintritt kostenlos) oder im Rahmen einer Führung. Im Planetarium finden mehrmals täglich Vorführungen statt, darunter auch spezielle Kinder- und Familienvorführungen.

Weißt du, wie viel Sternlein stehen …

42 Käse und Milch

Naturkäserei Kreuth, Schaukäserei Ammergauer Alpen und mehr

Ausgangs-/Endpunkt
Naturkäserei Kreuth am Tegernsee

Anfahrt
Auf der A 8 München–Salzburg bis zur Ausfahrt Holzkirchen, dann weiter auf der B 318 Richtung Tegernsee; ab Gmund der Beschilderung Tegernsee oder Bad Wiessee folgend über Rottach-Egern nach Kreuth

Öffnungszeiten
Täglich 10–17 Uhr, im Sommer 10–18 Uhr

Preise
Führungen 12 € (montags 14 Uhr, Do bis Sa 10 Uhr)

Einkehr
Hauseigene Gaststube mit Terrasse

Information
Naturkäserei Kreuth, Reißenbichlweg 1, 83708 Kreuth am Tegernsee,
Tel. 08022/1883520,
naturkaeserei.de

Helfen Sie Ihren Kindern, die Welt zu entdecken! Kinder sind von Natur aus neugierig und interessieren sich für die Dinge, die sie im Alltag umgeben. Sicher wissen die meisten schon, dass die Milch von den Kühen kommt. Aber wie wird daraus Käse und Quark und Joghurt?

Das kann man den Kindern natürlich erklären, aber viel anschaulicher ist es doch, es ihnen zu zeigen. In der **Naturkäserei Kreuth** am Tegernsee wird bei einer Führung der Prozess der Käseherstellung genau erklärt. Man kann die großen Bottiche sehen, in denen gerade der Käse gepresst wird, und natürlich die Reifelager mit den Käselaiben. Eine Führung ist für Erwachsene und Kinder spannend. Die wundervollen Produkte kann man anschließend gleich selbst verkosten – im Biergarten – oder aus dem kleinen Shop mit nach Hause nehmen. Im Sommer lädt auch ein kleiner Kräutergarten zur Erkundung ein.

Eine weitere kleine Käserei, speziell nur für Ziegenkäse, gibt es auf den Buckelwiesen in Mittenwald: die Goas-Alm.

In der Naturkäserei Kreuth gibt es neuerdings einen kleinen Barfußpfad direkt vor der Terrasse.

Nach dem Besuch der Käserei kann der restliche Tag am Tegernsee mit einer Schifffahrt oder einer Wandertour verbracht werden. Im Sommer bietet sich auch der Besuch eines der traditionellen Waldfeste oder eines Seebads an. Eine Schlechtwetteralternative ist der Indoor-Spielplatz in Bad Wiessee.

Noch mehr … Milch und Käse In **der Schaukäserei Ammergauer Alpen** in Ettal können Produkte vor Ort verkostet und gekauft werden. Auf dem **Pfaffenwinkler Milchweg** bei Rottenbuch (Tour 30) kann man mehr über die Milch, ihre Verwendung und die Kühe lernen. Aus- und Endpunkt dieser Wanderung ist die **Schönegger Käsealm**. Wer selbst einmal Käse herstellen möchte, findet entsprechende Käseschulen beispielsweise unter allgäuer-käsestrasse.de. Eine Alternative sind Versandboxen, die alle notwendigen Zutaten für die Käseherstellung zu Hause enthalten (z.B. kaese-selber.de).

43 Pflanzen

Botanischer Garten München und mehr

Ausgangs-/Endpunkt
Botanischer Garten München-Nymphenburg

Anfahrt
Auto: Der Botanische Garten München liegt am Schlosspark Nymphenburg nordwestlich vom Stadtzentrum; eine eingeschränkte Anzahl von Parkplätzen steht gegenüber dem Haupteingang zur Verfügung.
Bahn: Mit der Straßenbahnlinie 17 oder dem Bus 143 bis zur Haltestelle Botanischer Garten.

Alter
Geeignet für jedes Alter, Kinderführungen ab 6 Jahren

Öffnungszeiten
Täglich 9–16.30 Uhr, in den Sommermonaten auch länger, die Gewächshäuser schließen 30 Min. früher.

Preise
Kinder frei, Erwachsene 5,50 €, im Winter ist der Eintritt zum Freigelände frei, Abweichende Preise bei Sonderausstellungen

Information
Botanischer Garten München-Nymphenburg, Menzinger Straße 65, 80638 München, Tel. 089/17861321, botmuc.snsb.de

Wissen Sie, woher die Schlüsselblume ihren Namen hat? Und können Sie eine Kiefer von einer Fichte unterscheiden? Bei den Kinderführungen durch den Botanischen Garten lernen selbst die Eltern noch etwas dazu.

Der **Botanische Garten** ist zu jeder Jahreszeit ein lohnenswertes Ausflugsziel. Im Winter locken die Gewächshäuser mit ihren tropischen Pflanzen, Kakteen und Orchideen. Im Orchideenhaus können ganzjährig etwa 40 Schildkröten am Wasserbecken beobachtet werden. Tropische Schmetterlinge flattern jedes Jahr in den Wintermonaten durch das Wasserpflanzenhaus. Ab dem Frühjahr blüht es dann im Freigelände; Frühblüher, Rhododendren, Rosen und Pfingstrosen sind dann wunderschön anzusehen. Im Botanischen Garten finden regelmäßig spezielle Führungen für Kinder ab sechs Jahren statt.

Der Botanische Garten mit seinem historischen Institut wurde vor über 100 Jahren gegründet.

Auch bei schlechtem Wetter lohnt sich ein Besuch im Botanischen Garten. Die Gewächshäuser schützen uns vor jeglichem Regen.

Noch mehr ... Gärten Auch andere Einrichtungen in München haben es sich zur Aufgabe gemacht, Wissen um Pflanzen erlebbar zu machen. So etwa der **Umweltgarten Neubiberg** mit Streuobstwiese und Heilkräutergarten sowie etwa 80 Haustieren oder die städtische **Baumschule Bischweiler** mit diversen Themengärten, wie z. B. Tastgarten und Giftpflanzengarten. Der Eintritt in den Umweltgarten und in die Baumschule ist kostenlos.

Umweltwissen will das **Ökologische Bildungszentrum München** vermitteln und lädt dazu nicht nur auf seine Freiflächen mit Streuobstwiese, Themengärten und Spielplatz ein, sondern auch zu diversen Workshops speziell für Familien und Kinder. Hier können auch Kindergeburtstage gefeiert werden.

Schlaumeiertipp

Die Schlüsselblume verdankt ihren Namen der Ähnlichkeit ihrer Blüten mit altertümlichen Bartschlüsseln. Der Legende nach hat Petrus seinen Schlüsselbund fallen lassen und wo er auftraf, wuchsen Schlüsselblumen.

44 Ernten

Hofreiter BeerenCafés und mehr

Ausgangs-/Endpunkt
Hofreiter BeerenCafés in Lochhausen, Feldmoching oder Johanneskirchen

Anfahrt
Das BeerenCafé Lochhausen liegt an der Kreuzung Purpurweidenweg/Lochhausener Str.;

das BeerenCafé Feldmoching an der Feldmochinger Str., am Ortsausgang Richtung Oberschleißheim;

das BeerenCafé Johanneskirchen an der Kreuzung Savitsstr./Stegmühlstraße.

Öffnungszeiten
Während der Saison 8.30–19 Uhr; Café: 10–19 Uhr bis September, Monate variieren, Website beachten!

Preise
Spielplatz: Eintritt frei, Maislabyrinth: Kinder 2 €, ab 6 Jahren und Erwachsene 4 €, Erntepauschale: 3 € Kinder ab 3 Jahren, 5 € Erwachsene

Information
Familie Hofreiter,
Tel. 089/54650056,
hofreiter.de

Nicht jeder hat das Glück, einen eigenen Garten zu besitzen. Doch man kann Erntefreuden auch anders erleben: Beerenpflücken in BeerenCafés, Apfelernte in Apfelplantagen, Kartoffelklauben auf dem Acker und Christbaumschlagen in der Weihnachtszeit.

Am Anfang waren sie noch ein Geheimtipp, heute kennt sie jede Familie mit Kindern: die nur von Ende April bis Mitte September geöffneten **Hofreiter BeerenCafés** in Lochhausen, Johanneskirchen und Feldmoching. Es ist das Ungezwungene, das diese Orte so anziehend macht. Unzählige Sitzplätze unter Bäumen, überdachte Sandkästen mit Spielzeug, Slacklines zum Balancieren, Holzpferde und diverse Schaukeln stehen zur Verfügung. In den BeerenCafés in Lochhausen und Johanneskirchen sind besondere Highlights das Strohlabyrinth und das Maislabyrinth. An jedem BeerenCafé findet sich ein Kiosk, an dem leckere Beerenkuchen, Eis und Getränke angeboten werden. Was bei den vielen Spielmöglichkeiten fast zur Nebensache wird: An den

Frischer kann man Obst nicht genießen, als wenn man es sich selbst pflückt.

BeerenCafés befinden sich Felder mit Erdbeeren, Heidelbeeren, Himbeeren, Johannisbeeren, Brombeeren und Kirschen zum Selberpflücken. Das Angebot ist natürlich saisonabhängig.

An den BeerenCafés gibt es auch jede Menge Spielmöglichkeiten. Strohballenhüpfen steht immer hoch im Kurs.

Noch mehr ... Ernten So, wie den Sommer über Blumen und Beeren (hofreiter.de; erdbeeren-wolf.de) selbst gepflückt werden können, gibt es im Herbst Erntemöglichkeiten für Gemüse (eberle-gaerten.de).

Wer sein Gemüse nicht nur selbst ernten, sondern auch anpflanzen will, kann das an sechs verschiedenen Standorten in den **Münchner Krautgärten** tun. Mitgegärtnert werden darf im Gemeinschaftsgarten **O'pflanzt is!** im Olympiapark sowie im Experimentiergarten des **Ökologischen Bildungszentrums München**. Das Städtische **Gut Riem** bietet jedes Jahr im September die Möglichkeit zum Kartoffelklauben an. Dazu werden die Kartoffeln auf einem Feld in Daglfing mit einem Schleuderrodler an die Erdoberfläche geholt. Leere Kartoffelsäcke zum Befüllen gibt es vor Ort.

In einem kurzen Zeitfenster von Mitte September bis Oktober können auf den Apfelfeldern der **Familie Wolf** in Maisach Äpfel selbst vom Baum gepflückt werden. Wer zur Adventszeit seinen Christbaum selbst schlagen möchte, hat dazu die Möglichkeit beim **Bergtierpark Blindham** in Aying (Tour 27) oder beim **Christbaumhof Rauchenberg**; weitere Christbaumplantagen findet man unter muenchen.de/freizeit/weihnachtsbaum-schlagen.html.

45 Kunst für Kinder

Pinakothek der Moderne, Haus der Kunst, Villa Stuck und mehr

In München gibt es fabelhafte Kunstmuseen und die meisten von ihnen bieten auch Programme für Kinder an.

Die **Pinakothek der Moderne** bietet an jedem 1. Samstag im Monat um 11 Uhr eine Familienführung zu unterschiedlichen Themen an. Sonntags zwischen 13 und 17 Uhr wird ein offenes Kinderprogramm für Kinder zwischen 5 und 12 Jahren angeboten. Zudem gibt es ein Sommerferienprogramm.

Im **Haus der Kunst** finden einmal im Monat öffentliche Familienführungen statt. Unter dem Motto »Kind hört mit« werden Führungen für Eltern mit Kindern bis vier Jahren angeboten.

In der **Villa Stuck** in Bogenhausen gibt es ein umfassendes Kunstprogramm für Kinder, z. B. die an jedem letzten Sonntag im Monat stattfindende Kreativwerkstatt für Kinder von 4 bis 7 Jahren. Es können auch Kindergeburtstage gefeiert werden.

Die **Kunsthalle München** hat Kinderführungen für Kinder von 6 bis 12 Jahren im Programm.

Information

Bayerische Staatsgemäldesammlungen, Besucherservice, Barer Straße 29, 80799 München, Tel. 089/23805284, pinakothek.de
Eintritt: Kinder unter 18 Jahren frei, Erwachsene 10 €

Haus der Kunst, Prinzregentenstraße 1, 80538 München, Tel. 089/21127113, hausderkunst.de
Eintritt: Kinder unter 12 Jahren frei, Erwachsene 9 €

Museum Villa Stuck, Prinzregentenstraße 60, 81675 München, Tel. 089/4555510, villastuck.de
Eintritt: Kinder unter 18 Jahren frei, Erwachsene 9 €

Kunsthalle München, Fünf Höfe, Theatinerstraße 8, 80333 München, Tel. 089/224412, kunsthalle-muc.de
Eintritt: Kinder bis 6 Jahre frei, Kinder bis 18 Jahre 2 €, Erwachsene 15 €

Kinderkunsthaus München, Römerstraße 21, 80801 München, Tel. 089/33035770, kinderkunsthaus.de

Im Franz-Marc-Museum in Kochel hängen auch Kunstwerke der Kinder.

In der Münchner Residenz gibt es Kinderführungen, genauso wie in den Schlössern der Bayerischen Schlösser- und Seenverwaltung.

Das **Kinderkunsthaus** in Schwabing ist ohnehin einen Besuch wert. An großen Tischen können die Kinder nach Herzenslust kneten, malen und unter Anleitung basteln. Es gibt eine gemütliche Leseecke und Arbeitsplätze zum Kreieren eigener Trickfilme. Neben dem offenen Programm gibt es wöchentliche feste Kurse, Kindergeburtstagsfeiern und Ferienworkshops.
Im Münchner Umland lohnt sich besonders ein Besuch des **Buchheim-Museums** in Bernried, das am Wochenende von 11 bis 17 Uhr mit dem Labor der Phantasie ein offenes Kunstatelier für Kinder anbietet, sowie im **Franz-Marc-Museum** in Kochel, wo sonntagnachmittags Kinder und Erwachsene im offenen Atelier ausgiebig malen, basteln und werken können. Wer seine Malkünste perfektionieren möchte: Zeichenkurse für Kinder in München gibt es beispielsweise bei art-spot.de und loftartspace.de.

46 Kindermuseen

Deutsches Museum und mehr

Ausgangs-/Endpunkt
Deutsches Museum

Öffnungszeiten
Täglich 9–17 Uhr

Preise
Kinder bis 5 Jahre frei, Kinder bis 17 Jahre 8 €, Erwachsene 15 €

Information
Museumsinsel 1, 80538 München, Tel. 089/2179333, deutsches-museum.de

Das Deutsche Museum ist ohnehin eines der bekanntesten Museen Münchens, aber dank seines Kinderreichs und verschiedener kindgerechter Veranstaltungsangebote ist es auch bei Familien sehr beliebt.

Das Kinderreich im **Deutschen Museum** ist speziell für Kinder im Alter von drei bis acht Jahren konzipiert. Sie können hier spielerisch in die Welt der Wissenschaft und Technik eintauchen. Von der Riesengitarre über die Flaschenzüge und das Feuerwehrauto bis hin zum Wasserspielbereich mit Schleusen und Schöpfrädern können sie hier viele spannende Erkundungen anstellen. Abseits vom Kinderreich gibt es im gesamten Museum natürlich viele weitere Angebote, die auch für ältere Kinder interessant sind.

Die Mitmachstationen im Museum lassen sich mit der »Familientour« der Museums-App gezielt ansteuern.

Im Kinder- und Jugendmuseum ist Mitmachen angesagt.

Linke Seite: Spielerisch Naturkunde entdecken – das passiert im Museum Mensch und Natur.

Noch mehr … Museen In München mangelt es nicht an kindgerechten Museen. Das **Kinder- und Jugendmuseum** direkt am Hauptbahnhof ist weniger eine Sammlung von Exponaten als eine Anreihung von verschiedenen Experimentierstationen. Die behandelten Themen wechseln nach einigen Monaten.
Technikbegeisterte Kinder kommen in der **Flugwerft in Schleißheim** und im **Verkehrsmuseum** auf ihre Kosten. Hubschrauber und Eisenbahnwaggons dürfen hier ausgekundschaftet werden. Das **Museum Mensch und Natur** direkt am Nymphenburger Schloss bietet eine interaktive Dauerausstellung »Spielerische Naturkunde« für Kinder an. Im **Museum Fünf Kontinente** gibt es verschiedene Familientage, Workshops und Angebote für Kindergeburtstage.
In der Umgebung lohnt sich der Besuch im **Rosenheimer Lokschuppen** mit jährlich wechselnden Ausstellungen. Einen Überblick über alle Museen in München und Umgebung gibt es unter muenchen.de/sehenswuerdigkeiten/museen.

Am Chiemsee mit Blick
auf die Fraueninsel

Langes Wochenende

47 Im Sommer wie im Winter ein Erlebnis

Garmisch-Partenkirchen

Ausgangs-/Endpunkt
Garmisch-Partenkirchen

Anfahrt
Auto: Auf der A 95 München–Garmisch-Partenkirchen bis zum Autobahnende und dann weiter auf der B 2 bis Garmisch-Partenkirchen.
Bahn: Mit der Regionalbahn von München zum Bahnhof Garmisch-Partenkirchen

Information
Tourist-Info Garmisch-Partenkirchen, Richard-Strauss-Platz 2, 82467 Garmisch-Partenkirchen, Tel. 08821/180700, gapa-tourismus.de;

Kinderskikurse: skischule-gap.de, alpin-skischule.de;

Alpspitzbad: gw-gap.de/alpspitz-wellenbad;

Olympia-Eissportzentrum: gw-gap.de/eissportzentrum;

Sommerrodelbahn: sommerrodelbahn-gap.de/;

Kletterwald: kletterwald-gap.de;

Partnachklamm: partnachklamm.eu

Garmisch-Partenkirchen ist von München aus nur etwa 50 Autominuten entfernt und sommers wie winters ein schönes Ziel.

Als Einstieg in ein Winterwochenende empfiehlt sich gerade mit kleinen Kindern der leichte, ohne Steigungen verlaufende **Kramerplateauweg**. Das Auto kann vor dem Berggasthof Almhütte geparkt werden, dem Ausgangs- und Endpunkt des Spazierganges. Anschließend kann man sich dort bei einer großen

Eine tolle Wanderung führt im Sommer zum Gasthaus Eckbauer.

Auswahl an Windbeuteln verwöhnen lassen. Am Hausberg gibt es zwei **Skischulen**, die auch tageweise buchbare Kinderskikurse anbieten. Gerodelt werden kann in Garmisch natürlich auch, empfohlen wird die 1,6 Kilometer lange Abfahrt an der St.-Martins-Hütte am Grasberg. Sportlich geht es auch im **Alpspitzbad** zu und beim Schlittschuhlaufen im **Olympia-Eissportzentrum**. Toll für Kinder ist eine malerische Pferdeschlittenfahrt durch das verschneite Tal Richtung Riesersee.

An Sommerwochenenden können verschiedene **Seen und Freibäder** genutzt werden (Kainzenbad, Strandbäder am Riesersee, Pflegersee, Geroldsee und Eibsee). Action bieten die **Sommerrodelbahn** neben dem Eckbauer und der **Kletterwald** Garmisch-Partenkirchen. Ein besonders schönes Naturerlebnis ist der Gang durch die **Partnachklamm**. Vom Skistadion fahren Pferdekutschen bis zum Eingang der Klamm. Im Winter beeindrucken riesige Eiszapfen die Besucher der Partnachklamm.

Die moderne Skisprungschanze kann man auch besichtigen.

48 Kurzurlaub am bayerischen Meer

Chiemsee

Ausgangs-/Endpunkt
Prien am Chiemsee

Anfahrt
Auto: Auf der A 8 München–Salzburg bis zur Ausfahrt Bernau und dann nach Prien am Chiemsee.
Bahn: Mit dem Zug von München Richtung Salzburg bis zur Haltestelle Prien am Chiemsee

Information
Tourist-Info Prien am Chiemsee, Alte Rathausstraße 11, 83209 Prien am Chiemsee, Tel. 08051/69050, tourismus.prien.de;

Schloss Herrenchiemsee: herrenchiemsee.de;

Freizeitparks Marquartstein und Ruhpolding: maerchenpark.de;

Salzbergwerk Berchtesgaden: salzbergwerk.de;

Prienavera Erlebnisbad: prienavera.de;

Mammutmuseum Siegsdorf: museum-siegsdorf.de

Ach, der Chiemsee, das bayerische Meer – nicht nur ein toller Anblick, sondern auch eine wunderbare Urlaubsregion für Familien mit Kindern. Hier warten so viele Attraktionen, dass ein Wochenende gar nicht ausreicht.

Der Besuch von **Schloss Herrenchiemsee** gehört natürlich zum Pflichtprogramm, wenn Sie dort noch nicht waren. Die Schiffsüberfahrt ist von Prien oder Gstad aus möglich. Der Weg zum Schloss lässt sich zu Fuß oder – kinderfreundlich – mit der Kut-

Ein toller Radweg führt rund um den Chiemsee.

sche (15 Minuten, für Kinder unter fünf Jahren kostenlos) zurücklegen. Unter schloesser.bayern.de können Familienführungen durch das Schloss gebucht werden. In der Nähe des Schlosses gibt es ein Damwildgehege. Wenn Sie Ihr Quartier im Süden des Chiemsees wählen, ist es nur ein Katzensprung zu den beiden **Freizeitparks Marquartstein und Ruhpolding** (Tour 9). Mehr Programm brauchen Sie für den zweiten Tag nicht.
Am dritten Tag bietet sich ein Ausflug in das **Salzbergwerk Berchtesgaden** (Tour 40) an. Das kann gut verbunden werden mit einem Ausflug zum Königssee und einer Schifffahrt nach St. Bartholomä. Eine geräucherte Renke ist ein wunderbares Mitbringsel für das Abendessen. Weitere Programmalternativen sind der **Kletterwald in Prien** (Tour 19) für Kinder ab vier Jahren und bei schlechtem Wetter das **Prienavera Erlebnisbad** (bis voraussichtlich September 2023 geschlossen) mit direktem Blick auf den Chiemsee sowie das **Mammutmuseum in Siegsdorf** (Tour 6).

Am Mündungsgebiet der Tiroler Achen in den Chiemsee gibt es eine Aussichtsplattform, von der sich die Vogelwelt gut beobachten lässt.

49 Bergblick, Schifffahrt und Alpentiere

Bodensee

Ausgangs-/Endpunkt
Lindau am Bodensee

Anfahrt
Auto: Auf der A 96 München–Lindau bis Ausfahrt Lindau
Bahn: Mit dem Zug von München direkt oder mit Umsteigen in Ulm zum Bahnhof Lindau

Information
Lindau Tourismus und Kongress GmbH, Lennart-Bernadotte-Haus, Alfred-Nobel-Platz 1, 88131 Lindau, Tel. 08382/8899900, lindau.de;

Pfänderbahn: pfaenderbahn.at;

Bodenseeschifffahrt: bsb.de; Ravensburger

Spieleland: spieleland.de;

Pfahlbaumuseum: pfahlbauten.de;

Zeppelin Museum: zeppelin-museum.de

Auch ein Wochenende kann einem so lang wie ein Kurzurlaub erscheinen. Erst recht, wenn am schönen Bodensee so viele aufregende Dinge wie Schifffahrt, Bergfahrt, Tierpark und Freizeitpark geboten werden.

Von München bis **Lindau am Bodensee** benötigt man mit dem Auto etwa zwei Stunden. In der Altstadt gibt es viele kleine Hotels und Pensionen, in denen man übernachten kann. Für den Abend des Ankunftstags empfiehlt sich ein Bummel durch die Altstadt, ein Blick auf die beleuchtete Hafenmole und ein Abendessen in einem der vielen Restaurants.
Am nächsten Tag steht ein Ausflug auf den Pfänder, den Hausberg von Bregenz, auf dem Programm. Von dem von einem Quartier in der Altstadt fußläufig zu erreichenden Bahnhof am Hafen fährt der Zug in nur 15 Minuten nach **Bregenz** (Ausweise und Kinderausweise nicht vergessen!). Vom Bahnhof Bregenz Hafen aus erreicht man die Talstation der **Pfänderbahn** in fünf Minuten zu Fuß. Oben erwarten einen nicht nur eine schöne Aussicht und zwei Restaurants, sondern auch ein Alpenwildpark, durch den ein kleiner Rundweg (Zeitbedarf 30 Minuten) führt, ein Spielplatz und bei schönem Wetter ein Bungee-Trampolin. Für die Rückfahrt von Bregenz nach Lindau kann in 20 Minuten mit dem Schiff übergesetzt werden.
Wer noch einen Tag mehr Zeit hat, kann das **Zeppelin Museum in Friedrichshafen** oder das **Pfahlbaumuseum Uhlding** besichtigen. Der Verein für Pfahlbau- und Heimatkunde e. V. organisiert im Pfahlbaumuseum verschiedene Veranstaltungen für Kinder. Am Abreisetag sollten Sie auf der Heimfahrt nach München einen Umweg über Ravensburg einplanen. Das **Ravensburger Spieleland** ist für Kinder zwischen zwei und 14 Jahren geeignet. Käpt'n Blaubär, Fix & Foxi und Maus & Elefant sind die Parkmaskottchen. Mut gehört beim Freifallturm dazu (für Kinder ab vier Jahren in Begleitung). Ruhiger geht es bei der Bootsfahrt mit Käpt'n Blaubär zu.

Rechte Seite: Lindau gehört noch zu Bayern; am Hafen mit seinem Bayerischen Löwen und dem Leuchtturm ist immer viel los.

I
Landeplätze

50 Abwechslungsreiche Tage an der Donauenge

Altmühltal

Ausgangs-/Endpunkt
Kelheim

Anfahrt
Auf der A 9 München–Nürnberg bis zum Dreieck Holledau, dort auf die A 93 Richtung Regensburg wechseln bis zur Ausfahrt Hausen und dann weiter Richtung Kelheim

Information
Tourist-Info Kelheim, Ludwigsplatz 1, 93309 Kelheim, Tel. 09441/701-234, kelheim.de;

Altmühltal: naturpark-altmühltal.de;

Befreiungshalle, Kloster Weltenburg: kloster-weltenburg.de;

Steinbruch Blumenberg, Museum Bergér, Willibaldsburg und Jura-Museum: eichstaett.de;

Weiße Flotte Kelheim: schiffahrt-kelheim.de;

Sommerrodelbahn Riedenburg: altmuehlbob.com;

Schulerloch: schulerloch.de;

Burg Prunn: burg-prunn.de;

Kristallmuseum: kristallmuseum-riedenburg.de

Das Altmühltal ist als Radler- und Wanderparadies bekannt. Aber auch Familien mit kleineren Kindern können hier abwechslungsreiche Tage verbringen.

Kelheim an der Donau bildet das eine Ende des Altmühltals und ist von München aus in nur einer Stunde Autofahrt zu erreichen. Übernachtungsmöglichkeiten gibt es viele, Hotels, Ferienwohnungen, aber auch Ferienbauernhöfe bieten sich an. Wie wäre es mit folgendem Programm für ein verlängertes Wochenende? Der erste Tag wird ruhig angegangen mit einer **Bootsfahrt** von Kelheim zum Kloster Weltenburg. Die Schifffahrt dauert einfach etwa 40 Minuten und führt durch den Donaudurchbruch, die engste Stelle des Donautals. Von der Schiffsanlegestelle sind es etwa 400 Meter Fußweg bis zum **Kloster Weltenburg**. Hier kann man die prunkvolle Asamkirche besichtigen und in der Klosterschenke mit großem Biergarten zu Mittag essen. Die Kinder können sich am Donauufer vor dem Kloster stundenlang damit vergnügen, Steine über das Wasser springen zu lassen. Die Rückfahrt mit dem Schiff dauert nur 20 Minuten. Vom Schiff aus hatte man bereits einen schönen Blick auf die **Befreiungshalle**, die zum Gedenken an die Schlachten gegen Napoleon errichtet wurde. Von der Schiffsanlegestelle in Kelheim startet die Ludwigsbahn, ein Minizug, der einen in 15 bis 20 Minuten bequem zur Befreiungshalle hinauf- und wieder hinunterfährt.
Am zweiten Tag bietet sich ein Ausflug nach **Eichstätt**, ins Zentrum des Altmühltals, an. Auf dem Blumenberg bei Eichstätt, der in etwa einer Autostunde von Kelheim aus zu erreichen ist, befindet sich ein Steinbruch, in dem Hobbysammler nach Fossilien suchen können (Tour 6). Werkzeug kann vor Ort ausgeliehen werden. Anschließend bietet sich ein Besuch im am Steinbruch gelegenen **Museum Bergér** oder der **Willibaldsburg** in Eichstätt an. Im dortigen **Jura-Museum** sind die großen Fossilienfunde aus der Region zu bestaunen, etwa der Urvogel Archäopteryx. Einkehren kann man in der Burgschänke.

Riedenburg mit der Rosenburg über dem Rhein-Main-Donau-Kanal im Altmühltal

Am letzten Tag des Wochenendes steht ein Ausflug ins benachbarte **Riedenburg** an. Dort gibt es eine Sommerrodelbahn, außerdem einen großen Spielplatz mit Hüpfburg und Wasserstation sowie für Kinder ab acht Jahren eine Quadbahn (Tour 10). An einem Kiosk kann man sich mit Getränken und Snacks versorgen. Gegenüber befindet sich ein Badesee. In Riedenburg selbst gibt es ein kleines **Kristallmuseum**, das die wunderschön anzusehende und größte Bergkristallgruppe der Welt zeigt. Vor dem Museum befindet sich eine Minigolfanlage. Auf dem Rückweg nach Kelheim sollten Sie noch unbedingt einen Abstecher zur **Tropfsteinhöhle Schulerloch** (Tour 6) machen. Das war die Wohnhöhle eines Steinzeitmenschen. Highlight für die Kinder ist eine eindrucksvolle Höhlenkinovorführung, die die Urzeit zum Leben erweckt. Auch die gut erhaltene **Burg Prunn** liegt auf dem Weg zwischen Riedenburg und Kelheim.

Auch die Isar ist jederzeit kostenfrei zugänglich.

Extras

51 München für Kinder – kostenlos

Museen, Spielenachmittage und weitere Events

Information

Übersicht über kostenlose Angebote in München: muenchen.de/sehenswuerdigkeiten/bildergalerien/muenchen-kostenlos.html und kulturraum-muenchen.de/kulturraum-plus/eintritt-frei-kalender/

Übersicht über kostenlosen oder ermäßigten Museumseintritt: muenchen.de/sehenswuerdigkeiten/museen/museen-kostenlos.html

Umweltgarten Neubiberg: umweltgartenverein.de

Freizeitsport: sport-muenchen.de

SPIELkultur e.V.: spielkultur.de

München ist leider teuer. Das merken Familien an vielen Dingen, nicht zuletzt bei ihren Wochenendunternehmungen. Wer sucht und gut plant, findet aber auch Unternehmungen, für die keine Eintrittsgelder zu zahlen sind.

Freien Eintritt bieten beispielsweise das **Walderlebniszentrum Grünwald** (Tour 27), der **Besucherpark am Flughafen** (Tour 35), die **Baumschule Bischweiler** (Tour 43), der **Umweltgarten Neubiberg** (Tour 43), die **BMW Welt** (Tour 34) oder die Ausstellung im **ESO Supernova** (Tour 41). Keinen Eintritt kostet der Besuch im **BIOTOPIA Lab**, allerdings erfolgt der Zugang über den **Botanischen Garten** (Tour 43), der für Kinder zwar kostenlos ist, aber nicht für die begleitenden Erwachsenen. In den meisten Münchner Museen haben Kinder freien Eintritt und Erwachsene zahlen zu bestimmten Tagen nur 1 € Eintritt (z. B. in den Pinakotheken

Die BMW Welt steht allen Besuchern kostenfrei offen.

am Sonntag). Einen Überblick über kostenlose oder kostengünstige Museen findet sich unter muenchen.de/sehenswuerdigkeiten/museen/museen-kostenlos.html.

Zum Glück gibt es viele Spielplätze.

Die Stadt München bietet verschiedene kostenlose Aktionen an, wie z. B. die sonntäglichen **Spielenachmittage** (muenchen.de/freizeit/kostenlose-tipps-fuer-kinder-in-muenchen.html) oder das **Freizeitsportprogramm** (muenchen.de/freizeit/sport/freizeitsportprogramm.html). Von Mitte Oktober bis Mitte Mai können die Sonntagnachmittage im **LEO 61** mit kostenlosen Bastel- und Mitmachaktionen verbracht werden. Der Verein **SPIELkultur e.V.** hält weitere kostenlose Angebote bereit, etwa die Aktion »Auf zu neuen Schafen« jährlich im Juli im Englischen Garten. Die **Münchner Stadtbibliotheken** bieten ihre Mitgliedschaft für Kinder und Jugendliche sowie viele Veranstaltungen, wie z. B. das Bilderbuchkino, kostenlos an. Eine Übersicht über kostenlose Veranstaltungen gibt es unter eintrittfrei-muenchen.de.
Aufenthalte in der freien Natur sind nicht nur gut für die Gesundheit, sondern auch für den Geldbeutel. Toben auf Spielplätzen (Tour 14) und in Parks, die meisten sportlichen Outdooraktivitäten (Tour 25), Spaziergänge (Tour 32) sowie Themen- und Erlebnispfade (Tour 30) kosten kein Geld.

52 Wer? Wann? Was? Wo?

Aktuelle Informationen zu Kinder- und Familienveranstaltungen

Information

Im J. Berg Verlag sind aktuell die folgenden Familien-Ausflugsführer erhältlich:

Die 100 schönsten Familien-Erlebnisse in Bayern ... die Ihre Kids lieben werden (von Lisa Bahnmüller), 2015

Mein Baby, München und ich (von Saskia Feil), 2014

Erlebnistouren für Zwergerl rund um München (von Robert Theml), 2012

Hits für Kids in Oberbayern (von Lisa Bahnmüller), 2012

Familienmagazine: Himbeer-Magazin, Kitz-Magazin, Kidsgo, Zwergerl-Magazin

Familienblogs für München: aroundaboutmunich.de; isar-mami.de; kimapa.de; mamaimspagat.de

Wer sich tagesaktuell informieren möchte, welche Veranstaltungen in München für Kinder geboten werden, für den sind insbesondere die Onlineportale der Familienmagazine, aber auch die Familienblogs hilfreich.

Unter **muenchenmitkind.de** sowie unter **kitz-magazin.de** gibt es nicht nur einen ausführlichen und sehr übersichtlich dargestellten Veranstaltungskalender, sondern auch Ausflugstipps. Das offizielle **Stadtportal** hält unter muenchen.de/veranstaltungen/events/kinder.html Veranstaltungshinweise für Kinder sowie unter muenchen.de/freizeit/freizeit-mit-kindern.html viele Ausflugstipps bereit. **Pompki** ist das offizielle Kinderportal der Stadt München. Der aktuelle Veranstaltungskalender ist unter pomki.de/dahoam zu finden.
Neben den offiziellen Portalen sind die **Familienblogs** für München eine ausgezeichnete Quelle zum Recherchieren von Ausflugstipps. Unter aroundaboutmunich.de stellen die beiden Bloggerinnen Inken und Joanna ihre Ausflugstipps im Münchner Umland vor. Ausflugstipps sind auch auf anderen Familienblogs (z.B. ichspringimdreieck.de; isar-mami.de) zu finden.

Rechte Seite: Wasser marsch am Hexenwasser in Söll/Tirol

Es braucht nicht viel, um gemeinsam Spaß zu haben.

Abspann

Manche Kinder entspannen sich *am Wochenende gern zu Hause. Unsere beiden lieben Abwechslung, Action und Abenteuer. Schon deshalb sind wir viel mit ihnen unterwegs. Oft zeigen unsere Kinder dabei überraschende Fähigkeiten und Neigungen, etwa wenn das quirlige Kleine sich bei einem Kinderkonzert von der Musik ganz fesseln lässt und das Große mit beeindruckender Beweglichkeit einen Kletterparcours für viel ältere Kinder meistert.*

Mittlerweile kennen wir eine Menge *schöner Ausflugsziele und kindgerechter Freizeitangebote in München und Umgebung. Unterhaltungen mit anderen Eltern haben mir gezeigt, dass viele dankbar sind für erprobte Tipps und Empfehlungen. So ist die Idee entstanden, diese zu veröffentlichen.*

Ich hoffe, *dass Sie in diesem Buch viele Anregungen für Ihre eigene Familie finden. Und genießen Sie es, Ihre Kinder als neugierige und begeisterungsfähige Entdecker zu erleben!*

Viel Spaß wünscht Ihnen Ihre

Ila Schusthusen

Immer spannend – ein kleines Lagerfeuer

Register

Hinweis

Die Auswahl der Tipps erfolgte rein subjektiv und bildet natürlich nicht die ganze Angebotspalette Münchens ab. Alle im Buch angegebenen Daten sind sorgfältig recherchiert. Sollten dennoch falsche Angaben enthalten sein, übernehmen die Autorin und der Verlag hierfür keine Haftung.

Bei einem Ausflugsführer wie diesem bleibt es nicht aus, dass auch auf kommerzielle Anbieter verwiesen wird. Es handelt sich bei diesem Buch jedoch um rein redaktionelle Inhalte, nicht um Werbung. Die Erwähnung im Buch ist für die Anbieter nicht mit Kosten verbunden gewesen und deren Auswahl durch die Autorin und den Verlag erfolgte nach rein persönlichen Vorlieben.

In den meisten Kapiteln wird eine Unternehmung ausführlich beschrieben, ähnliche Aktivitäten sind dann oft nur ergänzend aufgeführt. Diese Art der Darstellung stellt aber keine Wertung dar in dem Sinne, dass die ausführlicher beschriebene Aktivität schöner und interessanter sei als die ergänzend erwähnten Aktivitäten.

Soweit möglich, sind Angaben zum empfohlenen Alter gemacht worden. Es bleibt aber letztendlich der Einschätzung der Eltern überlassen, ob die jeweilige Aktivität für ihre Kinder geeignet ist.

Ebenfalls erhältlich ...

ISBN 978-3-86246-677-1

Mit Kindern lässt sich wunderbar wandern, sporteln oder Kunst und Kultur erleben – dachten Sie nicht? Dieser Freizeitführer zeigt wo in München.

J. BERG

www.j-berg-verlag.de

Impressum

Produktmanagement: Julia Vogl, Manuela Martin
Lektorat und Redaktion: Christian Schneider
Layout: Eva-Maria Klaffenböck
Repro: P.R.O MEDIEN / LUDWIG:media
Kartografie: Bruckmann Verlag GmbH, Heidi Schmalfuß
Herstellung: Bettina Schippel
Printed by CGS Printing sp.O.o. in Poland

★★★★★

Sind Sie mit diesem Titel zufrieden? Dann würden wir uns über Ihre Weiterempfehlung freuen. Erzählen Sie es im Freundeskreis, berichten Sie Ihrem Buchhändler, oder bewerten Sie bei Onlinekauf. Und wenn Sie Kritik, Korrekturen, Aktualisierungen haben, freuen wir uns über Ihre Nachricht an Bruckmann Verlag, Postfach 40 02 09, D-80702 München oder per E-Mail an lektorat@verlagshaus.de.

Unser komplettes Programm finden Sie unter www.j-berg-verlag.de

In diesem Buch wird aus Gründen der besseren Lesbarkeit das generische Maskulinum verwendet. Weibliche und anderweitige Geschlechteridentitäten sind dabei ausdrücklich mitgemeint, soweit es für die Aussage erforderlich ist.

Empfehlung der Redaktion
Sie sind auf der Suche nach weiterführender Literatur? Dann empfehlen wir Ihnen den Titel »Wandergeheimtipps Chiemgau, Kaisergebirge, Berchtesgadener Alpen« von Michael Pröttel. Oder Sie werfen einen Blick in die Zeitschrift »BERGSTEIGER«. Hier werden Sie bestimmt fündig.

Bildnachweis: Alle Bilder stammen von Lisa und Wilfried Bahnmüller, mit folgenden Ausnahmen: S. 3 oben: mauritius images, S. 4: Markus Heel/ Bahnpark Augsburg, S. 18: lookphotos/Johaentges, Karl; S. 63: Münchner Wald Kletterwald Vaterstetten/ FRENhardt/boulderwelt, S. 67: Eugen Gebhardt/boulderwelt, S. 72: Shutterstock/ BearFotos; S. 73: Shutterstock/Elizaveta Galitckaia; S. 116: Markus Heel/Bahnpark Augsburg, S. 117: Markus Heel/Bahnpark Augsburg, S. 127: Frank Mächler/Picture Alliance, S. 123: Stephan Rumpf/Picture Alliance, S. 150: Shutterstock/trabantos, S. 156: Lina Gössing
Umschlagvorderseite: Im Walderlebniszentrum Ziegelwies
Umschlagrückseite: Strohballenhüpfen im BeerenCafé

Die Deutsche Nationalbibliothek verzeichnet diese Publikation in der Deutschen Nationalbibliografie; detaillierte bibliografische Daten sind im
Internet über http://dnb.d-nb.de abrufbar.

Infanteriestraße 11a
80797 München

ISBN 978-3-86246-840-9